人工知能はスペース・コロニーの夢を見るか？

An Introduction to Space Ethics

宇宙倫理学入門

Do Artificial Intelligences dream of Space Colonies?

稲葉振一郎

INABA Shin'ichiro

ナカニシヤ出版

NAKANISHIYA Shuppan

はじめに

宇宙倫理学への期待？

現在、宇宙開発関係者の一部からは、哲学・倫理学サイドからの宇宙開発へのアプローチに対して、ある種の期待が寄せられているように思われる。

近年、日本の宇宙政策においては、二〇〇八年の宇宙基本法の制定にも明らかなごとく、非常にはっきりした態度変更が見られる。

従来、日本の宇宙開発は旧・宇宙開発事業団（NASDA）と旧・宇宙科学研究所→合併して現・日本航空宇宙研究機構（JAXA《ジャクサ》）の主導の下、官学セクターを軸とした学術研究を中心としており、そこに放送通信、気象観測、資源・環境探査といった目的に沿う限りでの民間事業者の参入がなされる、といった形で行われていた。すなわち、かつての米ソ（のちに露）二大巨頭を頂点とする世界の宇宙開発において顕著だった、宇宙の安全保障目的での利用、軍事的利用が法的に禁じられており、日本の軍事セクター（防衛庁→防衛省、自衛隊）自体からも宇宙利用への積極的な関心は寄せられなかった。しかしながら新しい宇宙基本法によって、平和利用の原則の下での宇宙の安全保障目的での利用は日本においても解禁され、防衛省自身も遅まきながら宇宙安全保障についての検討に着手しつつある。

これは長期的に見れば重大な意義を持つ政策変更であり、その観点からの人文社会科学的な学術研究への要請もまた大きなものがある。実際、JAXAの大学連携プロジェクトのひとつ、東京大学公共政策大学院との共同研究「宇宙政策プロジェクト」においては、宇宙の産業化、商業利用のための法的基盤整理と並んで、宇宙における安全保障が焦点をなすイシューとなっている。

しかしこれに対して京都大学との連携プロジェクト「宇宙総合学研究ユニット」（以下「京大宇宙ユニット」）は様相をやや異にしている。東大のプロジェクトが公共政策大学院、つまり法学、政治学、経済学が中心である（ロケットや人工衛星その他宇宙機の研究については、工学系の研究室単位での連携が従来から存在する）のに対して、こちらはほとんどの学部が参加する「文理融合」的プロジェクトである。さらに応用よりは基礎、実践よりは理念に重点が置かれ、人類学、宗教学、哲学などの人文科学のウェイトがやや高い。

また開催される研究会・イベントなどから伺われるのは、有人宇宙飛行に対する強い関心である。東大「宇宙政策プロジェクト」での研究会などにおいてはほとんど取り扱われない、有人での宇宙プロジェクトに関する報告が、しかもどちらかと言えば大学サイドの研究者からよりも、JAXAサイド、宇宙開発プロパーから、頻々と出されている。

のちにも見るように、現状の宇宙開発・利用において、有人宇宙飛行はどちらかというとマイナーなテーマである。商用軍用を通じて、実用的な宇宙利用を担うシステムはもっぱら無人衛星であるし、火星や小惑星、将来的には木星の衛星や彗星など深宇宙を目指す先端的学術探査においても、主役は精妙に工夫された無人ロボット探査機である（これについてはAdler［2014=2014］ほか、典拠は枚挙にいとまがない）。

周知のとおり、有人宇宙飛行の黄金時代はガガーリンからアポロ十一号の月着陸までの六〇年代、最初期のパイオニアたちの英雄時代であり、七〇年代以降、未踏のフロンティアの探査の主役は急激に無人探査機に移行した。「繰り返し利用による経済的なシステム」との触れ込みで莫大な資金と労力を投じたスペースシャトルも、二度の大事故により人命という最も高価な資源を浪費するシステムとして博物館に送られたことは記憶に新しい。オバマ政権のアメリカで新たに提唱された火星有人飛行計画（オライオン）も、リーマンショック後の財政危機のなか、宙づりになったままである。

やや邪推をたくましくするならば、ＪＡＸＡ内の有人宇宙プロジェクト推進派のグループが、側面援護を欲してはたらきかけているのが京大の「ユニット」であり、とりわけそこで哲学・倫理学への期待が寄せられているのだとしたら、それは宇宙開発、とりわけ有人宇宙飛行に対する理念的正当化の提供なのではないか、とさえ思われてしまう。

ここで普通の哲学者・倫理学者ならば「そういうのは哲学の仕事ではありませんから」ととりあえずはおさとしするべきなのであろう。実際、自分の受け持ちの学生たちに対してならば、教師としての哲学者・倫理学者はまずはそう言うはずだ。「あらかじめ決められた結論を正当化すべく屁理屈をこねまわすのは、学問ではありません。そして哲学もまた学問ですから」と。

しかしながら哲学者を含めて学者の顧客のすべてが学生――つまり入門者であるわけではない。結論に至るためのスキルを身に着けるのが目的なのではなく、手っ取り早く結論だけを求める顧客もまた、学問にとっては大事なお客様だ。科学的知見の技術的、政策的応用において求められているのは往々にしてそういうものだ。さらに言えばもちろん、ここで有人宇宙ミッション推進派のニーズが「あらかじめ決まった結論を正当化してくれ、というのではありません。結論として有人宇宙飛行が思想的に正当化できるのかどうか自体を知りたいのです。もちろん、正当化できることを望んではいますが」というのであれば、先の木で鼻をくくったような答えでは不十分だろう。

もちろんここでさらに意地悪を重ねて、「科学一般の場合には結論それ自体を天下り的に与えられることも素人にとっては有意味かもしれませんが、科学を含めた一切の知的活動の批判的吟味を主題とする哲学においては、そもそもそういう風に天下り的に与えられる「結論」などありません。哲学においては、入門する気のない素人でさえもまた「自分で考える」ことを求められるのです」と切り返すことだってできる。しかしながらそんな風に続けていたら「哲学者というのは延々と手続きや心構えに拘泥して、問題そのものの本丸、事柄そのものに突っ込んでいく気概のない奴だ」などと見損なわれてしまいそうだ。どうして哲学者が、「結論」そのものを天下り的に提示することにかくも消極的なのか、もう少し具体的な理由を提示した方がよいだろう。

足がかりとしてのリベラリズム

ここで問題になっているのは哲学一般というよりは道徳哲学、哲学的倫理学であるから、それにひきつけた話をしよう。あとでより詳しく論じるが、近代――とは何かが近年ではむしろ議論の種なのであるがそれはさておき――の倫理学の基調をなしているのは、広い意味でのリベラリズム――自由主義である。

リベラリズムは、人間的な生――日常的な「生活」も長期的な「人生」もひっくるめて（英語ではどちらもlife、多くのヨーロッパ語で同様）――に私的な側面と公的な側面の二つがあることを認める。そのうえで、そもそも人間は本来的に、私的な生――「私生活」、私人としての人生――を公的な生――開かれた領域としての市民社会のなかでの、社会人＝市民＝公民としての生活、ことによったら公人としての政治活動――よりも優先するものである、とリベラリズムにおいては考える。それどころか、そもそも公的な生において人々が追求するべき公共的な価値の核心は、人々がそれぞれに私人として追求する多種多様な私的価値のできる限りの共存共栄を目指すことにこそあって、私的価値と対立しそれに優先するような別の何かがそこにあるわけではない、とさえ考える。

平たく言えばリベラリズムは、人間本来の生き方というものが事実として人によってバラバラで多種多様であるだけではなく、そのなかでもとりわけ価値の高い、いわば本来あるべき「正しい生き方」などというものは存在しない、とするわけである。

このようなタイプの道徳思想は、歴史的に見て比較的新しい、ある意味特殊なものだと考えた方がよい[1]。リベラリズムを生んだ西洋（大ざっぱに言って、古典古代のギリシア・ローマと、ユダヤ・キリスト教の伝統を引き継ぐ文明、くらいにしておこう）を含めて、人類史的により普通の発想は、公的な生に比べて私的な生は価値的に劣り、そのうえで、共同体において人々に共有された、人間として理想的なあるべき（公的側面に重点を置いた）生き方、そこにおいて追求されるべき（基本的には公的な）価値というものがある、という発想である。非常に大ざっぱに言えば近代リベラリズムは、このように価値観をある程度共有した共同体がそれぞれ孤立して存続できなくなった社会、互いに価値観をあまり共有しない人々が平和に共存できる社会のための思想である[2]。

このようなリベラリズムの立場をとる道徳哲学者が「宇宙開発、とりわけ有人宇宙ミッションを道徳的に正当化することはどこまで可能か？」と問われたとしたら、いかに答えるだろうか？

さしあたりまず思いつくのは「公的事業としてではなく、関係者が自発的に、自己の責任（費用負担、リスク負担等々）において、無関係の他人に危害を与えることなくなされる宇宙開発には、まったく何の問題もない」という回答である（いわゆる「他者危害の原則」。Mill［1859=1971］）。しかしながら現状の日本において、のみならず世界のほとんどの国において、宇宙開発事業の主体は今なお国家の管轄下にある公的セクターなのである（NASAやJAXAなど国家的・国際的宇宙機関は言うに及ばず、大学や民間研究機関にも、公的研究助成が投入されていれば同様である）から、この回答は関係者を十分に満足させることはないだろう。つまり「納税者、無関係の一般市民に対して、少なからぬ負担（租税のみならず、宇宙開発に伴う公的規制が民間活動に及ぼすかもしれない制約も含む）やリスク（重大事故、環境汚染など）を与える以上、宇宙開発当事者の私的な欲望だけではミッションの正当化には不十分である。彼ら彼女らを納得させるだけの理屈がほしい」と反問されることは必定である。しかしながらリベラリズムの下では、ほとんどすべての市民が共有する公的価値などというものは、まったく存在しないわけではないとしても、そのために残された余地は狭い。繰り返すが「私的価値の多様性それ自体の維持、奨励」を超える公的価値は、リベラリズムの枠内ではなかなか見出しがたい。

財産権制度や市場メカニズムの限界のせいで、私的な経済活動によってはうまく実現できない利益——財産権や市場がうまく機能するための前提そのものである「法と秩序」の維持が典型——をまさに「公益」として、国家などの公的機関にその実現が託されることは多い。経済学的に言えば「公共財」であり、交通、通信放送、ライフラインなどのインフラストラクチャーの供給と整備、安全保障や学術研究にもそうした性格は濃厚である、とはしばしば言われる。しかしながら、商用ニーズの大きい通信放送は言うに及ばず、安全保障目的や学術目的においても、無人宇宙システムで十分、との判断が下されているがゆえに今日の状況がある。となれば、有人宇宙飛行の公的事業としての正当化は、それゆえ、新しい公的な価値の提唱と、それに向けて人々を誘惑すること、に傾かざるをえない。だが言うまでもなく、私的な価値の追求の尊さを逆説的にもその公的価値の軸心に置くリベラリズムの立場からは、そうした作業それ自体が否定の対象——とは言わないまでも、厳しい批判的吟味の対象とされざるをえない。やや大げさに言えば、リベラリズムからすれば「新しい公的価値の提唱」という営為自体が、極めて危険な、詐欺的、場合によっては暴力的な性質を持つ、近代社会への敵対行為である可能性を秘めていることになるのである。

このように見て来るならば、「有人宇宙ミッションの理念的正当化」という作業に対して、今日の哲学・倫理学サイドからの貢献の余地はほとんどない、ということになりかねない。しかしながらもちろん、ことはそう簡単ではない。

第一に、哲学的倫理学におけるリベラリズムの地位は、支配的ではあるが盤石というわけでもない。のちに見るように古典的な、共同性をより重視するタイプの倫理学もまた健在であり、今日ではむしろ影響力を再び強めている。こうした立場から「新しい公的価値の提唱」への挑戦がなされ、そこにおいて有人宇宙ミッションが何ほどかの意義づけを与えられる可能性も絶無ではない。

第二に、リベラリズムが有人宇宙ミッションそれ自体に対して頭から否定的なわけでもない。あくまでも、公的な事業としてのその意義について懐疑的なだけである。民間主導の私的な活動、あるいは公的助成を受けた学術研究のなかの一端としてのそれに対しては、批判的でなければならない理由は実はない。そうした、民間宇宙活動のすそ野が広がることの意義、についてであれば、リベラリズムからもまた積極的に何事かを言いうるかもしれない。

第三に、仮に有人宇宙ミッションに対する哲学的吟味が、徹頭徹尾批判的、懐疑的、あるいはいっそ否定的なものであったとしても、それが有人宇宙ミッション、より広く宇宙開発そのものに対して敵対的なものと言えるかどうかは、また別の問題である。直接的な政策決定のための討論の場においてならともかく、そのはるか手前の学術的な議論の場においては、そうした「仮想論敵」「悪魔の代弁者」として哲学・倫理学が宇宙開発関係者の前に立ちふさがることは、恰好の予行演習として活用していただけるであろう。

それでは、まったく反対に、宇宙開発、有人宇宙飛行について考えることは、哲学・倫理学にとってどのような意義を持ちうるのか？　正直に言うならば「哲学・倫理学が宇宙開発に対してなしうる寄与」よりは、「宇宙開発が哲学・倫理学に対してなしうる寄与」の方がさしあたりは大きいのではないか。それは「宇宙倫理学」に対して興味を持ってくださる宇宙開発関係者の本意ではないかもしれないが、宇宙開発プロパーの外にいる（圧倒的多数の）哲学者・倫理学者もまた納税者、一般市民の一部である以上、ひょっとしたらそこに、宇宙開発関係者自身が思いもかけなかった「宇宙開発の公益への貢献」の可能性を見出していただけるかもしれない。

本書は、宇宙開発、有人宇宙ミッションそのものに対する貢献を（あらかじめ）意図しているものではない。当方の勝手な関心にしたがって、中長期の未来における持続的な有人宇宙ミッション――仮に本書では「宇宙植民」と呼ぶ――を中心に、ありうべき未来の「宇宙倫理学」のためのひとつのたたき台を提供するものである。私見では、宇宙開発、さらに有人宇宙ミッションという課題は、少なくとも理論的には、応用倫理学全般、さらには哲学に対して、極めて興味深い対象でありうる。それは行論のうちに自ずと明らかとなるであろう。

宇宙倫理学入門――人工知能はスペース・コロニーの夢を見るか？　＊　目次

宇宙倫理学入門——人工知能はスペース・コロニーの夢を見るか？

1　倫理学・政治哲学と宇宙開発——リベラリズムを中心に

リベラリズムの立場からすれば、宇宙開発という営みは、大体において二つのレベルで考えられねばならない。すなわち、私的な、自由な民間活動としての宇宙開発が一方の極にあり、他方の極には国家や国際機関を担い手とし、公的資金が投入される宇宙開発がある。もちろんその中間には、主として学術研究の領域において、公的資金を投入されつつも、私的な問題関心にしたがって行われる宇宙活動が考えられるし、公共的な宇宙開発の担い手も、国家であるか、それとも超国家的機関、国際社会であるか、そのどちらについても考えねばならないので、具体的にはもっと複雑であるが、しかしその根本に我々は「公と私の区別」を置かねばならない。

もちろん我々が知る限り、典型的な宇宙開発、地球外空間、他天体での人間ならびに人間の送り出した事物の活動は、主として国家機関によって担われ、国家予算、公的資金によってファイナンスされ、学術研究や安全保障を主たる目的として行われてきた。それゆえ我々は「宇宙開発」と言えばほぼ反射的に公的活動、公共事業の一種として観念してしまう。しかしながら少し考えてみれば、思い出してみればわかるように、現在の宇宙活動においては営利企業をはじめとする民間の主体の存在感がどんどん高まっている。もともとは公的に打ち上げられた通信衛星や探査衛星も、民間の私的事業体にサービスを提供するようになって久しいし、さらにはこうした民間主体は、自らの開発した衛星を打ち上げるようになってきた。もちろん当面はこうした衛星の打ち上げ作業も、公的なプラットフォーム、既存の国家的宇宙機関の開発したロケットに委託せざるをえないが、このロケット自体を民間で供給しようという試みも、二〇一六年現在、各所で着々と進められている[1]。

歴史的な現実にかんがみても、また理論的に見ても、宇宙開発がもっぱら公的な営為として、すなわち、租税を中心とした公的な財源によってまかなわれ、政府直轄の機関をその実行の担い手としなければならない理由はない。ただ、民間の主体に任せるよりも、公的機関を担い手とした方がよい理由ならば、確かにいくつかある――あった。しかしそうした条件は、言うまでもなく歴史的に変化するものである。今日の民間宇宙活動の隆盛は、そうした歴史的変化を反映している[2]。

宇宙開発、宇宙利用が主として公的になされなければならない――あるいは、その方がよい理由があるとしたら、ひとつにはそれに必要な資源の総量があまりにも大きく、個人は当然のこととして巨大な企業でさえ、とにかく民間の主体にはそれを支弁するだけの財力がない、という事情が考えられる。

もちろん、ただ単にそれに膨大な資金がかかるというだけでは十分な理由にはならない。そうした事業が実行されるには、莫大なコストがかかる一方で、成功すればそれを上回る利益が期待できることが、当然に必要である。プラスの利益が見込めてはじめて、事業には着手されるべきである。

もちろん普通に考えるならば、利益が見込める事業であれば、国家や公的機関に任せる必要などどなく、はじめから民間の主体に任せてもよいはずだ。しかし必ずしもそうはならない事情がいくつか考えられる。ひとつには、いくら大きな利益が将来見込めたとしても、今現在かかる費用があまりにも高く、民間の主体にはまかなうことができない、という可能性がある。見込める利益の不確実性もまたこの事情を増幅する。かつてのインフラストラクチャーの多く――道路をはじめとした公共の交通システム、郵便、電信電話などの通信システム、電力、ガスその他のエネルギー供給、上下水道などの「ライフライン」等――は、そこから得られる利益が割合確実であるにもかかわらず、膨大な先行投資を自力でまかなえる民間主体は不足気味で、産業化の歴史のなかで、少なくともその初期においては国家や公的機関に依存することが多かった。しかしながら技術が発達して生産性が上がり、市場も広がってコストも低くなれば、また経済全体の規模が拡大して、そこに占めるインフラの割合が低まり、また民間主体の財政力も高くなれば、もはやそれらの事業を公共機関が独占する必要もなくなる。そうやって二十世紀末には、いわゆる「民営化」が世界的潮流となったことは、記憶に新しい。宇宙活動における民間主体の存在感の上昇も、こうした潮流と無縁ではない。ロケットの運用はまだしも、衛星の開発くらいは十分民間の手におえるものになってきたのだ。

それでもこうした公益事業の多くは、民営化されて以降も、依然として厳しい公的規制のもとにあるのもまた事実である。また理論的にはその可能性が語られても、実際にはなかなかその民営化が実現しない領域――典型的には、軍事、警察――もまた存在する。なぜか？　かつてのインフラ産業を典型とする公益事業のサービスには、それこそ「公益性」が――料金を払った利用者、直接の費用負担者以外にも、どうしてもその利益が及んでしまう、あるいは及んだ方がよい、という性質があるからだ。たとえば公共の道路については、普通はその費用負担を直接の利用者に限定したりはしない。高速道路など一部の有料道路は確かに存在し、利用者は利用に応じてその代金を支払う。しかしながら通常の道路ではそんなことはしない。普通の道路においていちいち個別の利用者に利用分だけの費用負担を求めていては、かえって交通が滞り、道路が用をなさなくなる。電波を用いたラジオ・テレビ放送においても、少なくともその初期においては視聴者から利用に応じた料金を徴収することが技術的にほぼ不可能であったため、公的機関による公共放送がリーダーシップをとり、民間の放送事業者も視聴者からではなく、放送するコンテンツを広告、ＰＲとして利用する事業者から徴収するという独特のビジネスモデルをとった。

また上下水道や電気・ガスなどのライフラインについては、費用負担しない者への供給断ち切りは比較的易しい場合が多いが、こちらの場合はその切断が直ちに利用者の生存の危機に直結しかねない。あるいは学校教育が義務化・無償化されている理由を考えてみてもよいだろう。学校教育から費用負担をしない者——学費を払わない者を締め出すことは、技術的には容易である。実際、民間の塾やおけいこ事では何の問題もなく普通に行われていることである。ではなぜ少なくとも初等中等教育ではこのやり方がとられないか？　ある意味でそれは長期的なライフラインとしての意味を背負わされている。子どもが学校に通わなかったところで死にはしないが、学校での教育訓練を受けないままでその後の一生を過ごすことは、長期的には重大な不利益につながりかねない。しかしまたそれと同様に強調されるのは、教育の外部経済性である。

くどいようだが例示してみよう。ある子どもが学校に通って役に立つ知識・技能、たとえば読み書きや計算技能、基本的な道具・機械、今日ならさしずめ基礎的なパソコン技能――を身に着けたとする。その子どもはもちろん、学校に通わずその知識・技能を持たないライバルより抜きんでて稼ぐことができるだろう。では、学校教育の無償化・義務化でライバルたちもまた同じ知識・技能を身に着けたらどうなるか？　もはやその子はライバルに抜きんでることはできなくなり、相対的には地位低下を感じるかもしれない。しかし絶対水準で見たときに、損をしているとは必ずしも言えない。たとえば周囲のライバルであり取引相手や仕事仲間でもある同輩たちが、同じように字が読め、計算ができ、コンピューターが使えることによって、協同作業のネットワークの、社会全体の効率がアップするだろう。そのことの利益は、最初は自分だけが教育を受けていた幸運な（元）子どものもとにも及ぶはずである。ライバルに対する優位が崩れたことによる損と、社会全体の生産性が上がったことの利益の、どちらが大きいかは直ちには言えない。そして言うまでもなく社会全体としては、教育の義務化・無償化はそのコストを優に上回る利益を上げている。

このような「公益性」、経済学風に気取っていうと「外部経済性」は初等中等教育のみならず、先端的な学術研究についても存在するとされる。それゆえに高等教育においては、教養教育や職業教育の部門では受益者負担の論理が強くはたらく一方で、研究者養成においては初等中等教育ほどではないが無償化へのドライブがかかっているのである。

経済学の初等的な教科書のような叙述を長々と続けてしまったが、要は、少なくともかつては宇宙開発がもっぱら公的な国家事業として行われてきた理由は、ひとつにはそれがあまりにも大規模でリスキーすぎたからであり、もうひとつにはそれに加えて「公益性」「外部経済性」が見込めるとされてきたからである。[3] しかしながらこうした事情は、インフラストラクチャー産業、ネットワーク産業と同様に、近年では変わりつつあり、民間の主体が宇宙活動に参加するための条件が徐々に整いつつある。となれば他の産業同様、宇宙開発についても、それを公共政策の観点から見たときに、国家、公的機関が宇宙開発において「なすべきこと」と「なす必要がない／なさざるべきこと」の区別をつけることが大切になる、という推論が自然に成り立つ。

もちろん「公益性」の論理によらない、私的な理由に基づく民間の活動としての宇宙開発が発展していくとしても、そのことによって宇宙開発に対する公的規制の必要がなくなるわけではもちろんない。その「公益性」だけではなく、その大規模性・不確実性ゆえの「公害」についても考えておかねばならない。民間企業の不注意な事業活動が、取引相手にない無関係な第三者に利益ではなく損害を与える典型的なケースが、自然環境破壊などの「公害」である。宇宙ロケットは小さなものでも巨大なシステムであり、打ち上げはどこでもできるものではなく、失敗時のリスクも、ことによったら第三者に及ぶ可能性がある。となれば民間の宇宙活動についても、当事者の「自己責任」ではすまず、公的規制の必要がなくなることはない。

それでも、宇宙開発に関する公共政策の課題を、かつてのようにまさに「宇宙開発そのもの」と考えるか、それとも「民間主体が主役の宇宙活動に対する、公的な視点からするそのコントロール」と考えるか、は重大な違いをもたらす。そしてリベラリズムの道徳哲学の立場からすれば、宇宙開発の倫理学について考える際のベンチマークは、まずもって後者の方に置かれることになる。言い換えるなら、リベラリズムの立場からすれば宇宙開発は、少なくとも直ちには、公共的な価値を追求する公共的活動、とみなされることはない。むろんそれを現に追求する人々が存在する以上、無価値なものとは到底言えない。にもかかわらずさしあたりそれは、私的な価値の域を出るものではないかもしれない、と考え、仮にそれが公的な意義を持つとするならば、きちんと論証されねばならない、と考えるわけである。

順序としては、歴史的な現実の展開とは少しずれているように見えるが、さしあたり以下のように考える。宇宙開発は、それへのコミットを自ら欲する人々が、自らの責任においてそれを追求し、余人に被害を与えることがない限りは、リベラルな世界においては当然に許容される。こうした私的な営みとしての宇宙開発と、公共社会全体の利益との調整が、まずは宇宙開発をめぐる公共政策の課題ということになる。これが第一のレベルである。

そして第二のレベルとして、宇宙開発が単に私的に追求されることを超えて、公共的な価値を持ち、公共的な支援に値するかどうか、の検討が宇宙開発の倫理学のさらなる課題として浮上する。現実の宇宙開発の歴史を紐解くならば、机上の理論、空想を除けば、現実の宇宙開発はまずは公共事業として行われたのであるから、これが探究の第二のレベルとして位置づけられるのはやや倒錯した印象を与えるが、リベラリズムの立場からすればそうなるのだ、ととりあえず答えておこう。この議論は今後の宇宙開発に対して、リベラリズムの立場からガイドラインを与えると同時に、過去の宇宙開発の実践を導いた理念に対する批判的検討をも含意することになるだろう。またそれはリベラルな立場とは異なる別の立場、具体的にどのようなものかはともかく、宇宙開発がそれ自体として公的価値を持つ、ということを含意するタイプの別の倫理学、別の道徳哲学の姿を浮かび上がらせることになるかもしれない。

さらに第三のレベルとして、というよりも第二のレベルに対するいわば裏側からのアプローチとでも言うべきものが考えられる。上述した第二のレベルの思考とは、先に宇宙開発の展開というものが先行して、それに対してリベラリズムの倫理学による批判的吟味がなされる、という作業として理解していただければよい。しかしながらそれが倫理学的思考の可能性のすべてというわけではない。この「裏」のアプローチとは「リベラルな道徳哲学が容認し、肯定するような宇宙開発とは、そもそもいったいどのようなものなのか？」と問いかけてみることである。仮にそうした宇宙開発が、まさに主として私的な利害追求、つまりは営利ビジネスか娯楽を中心とするものになったとしても、具体的にはどのような利潤追求のチャンスが宇宙にはあり、どのような快楽が宇宙からくみ出せるのか？は自明ではない。いわんや、仮にリベラルな秩序のもとでも肯定されるような、公的な宇宙開発というものが残るとすれば、それはいったいどのようなものなのか、そこにおいて人々の権利と、宇宙開発がもたらす公益との間に生じるであろう緊張とは、果たしてどのようなものになるのか？　こうした諸問題が、この第三のレベルにおいては問われることになる。
それでは、本論に入っていくことにしよう。

1－1　応用倫理学のなかの宇宙倫理学

宇宙倫理学概観

最初に、とりあえず「リベラリズム」という限定を外して、宇宙倫理学のさしあたりの全体像のようなものを概観してみよう。

新興科学としての宇宙倫理学の現状とその将来の課題についての著作としては、単著としてはジャック・アルヌー『イカロスの第二のチャンス』（Arnould［2011］）、トニー・ミリガン『月は誰のものでもない』（Milligan［2015］）以外に、まだあまりめぼしいものはない。『イカロスの第二のチャンス』は現状の宇宙政策から未来的な思弁までを含めた包括的なものだがやや散漫であり、他方『月は誰のものでもない』は恒星間飛行や地球化（terraforming）まで含めて、未来の人類の宇宙進出の道徳的含意について大胆に論じているが、アカデミックな哲学的倫理学のフォーマットを踏まえ、叙述の統一はある程度とれている。論文集としては、アルヌー、ミリガンも寄稿した『商用宇宙探査』（Galiot［2015］）がそのタイトルをやや裏切り、宇宙の軍事利用や生命倫理・ロボット倫理と宇宙開発の関係にまで広範囲の主題をカバーして現在の到達点を示している。またこれらに先立ち、宇宙政策関連の国際会議の報告書、学術雑誌の特集論文が若干存在している（後出の呉羽ほか［2016］で概観されている）。

以上が「宇宙探査・開発の倫理学」とでも言うべきものであるのに対して、宇宙生物学（Astrobiology）のコンテクストでＳＥＴＩ（地球外知性探査 Search for Extra-Terrestrial Intelligence）に焦点を絞った研究もなされ、論文集がいくつか出ている。先駆的には哲学（ロバート・ノージックほか）、認知科学（マーヴィン・ミンスキーほか）、物理学（フランク・ティプラーほか）といった多分野から錚々たるメンバーを集めた古典的な論文集『地球外知性』（Regis［1985］）があり、近年ではダグラス・ヴァコシュが編集する一連の論文集『地球を超える文明』（Vakoch *et al.*［2011］）、『地球外利他主義』（Vakoch［2013］）が目立っている。

宇宙倫理学について、日本語で簡明な見通しを与えてくれるまとまった文献は当然ながらさらに少ない。水谷雅彦や伊勢田哲治、神崎宣次らによるプレゼンテーションのスライド（水谷・伊勢田［2013］、神崎［2013］）でさえ、現状では貴重な情報源である。水谷・伊勢田、神崎らの作業は京大宇宙ユニットのもとで行われており、そこからのちに筆者も加わった「宇宙倫理学研究会」も発足し、二〇一六年にはＪＡＸＡに提出するレポートが公表された（呉羽ほか［2016］）が、これはまだ予備的な調査報告書の段階にとどまり、本格的な論文集の刊行までにはもう少し時間がかかる。このほかにやはりＪＡＸＡとの連携研究ユニットを形成している人類学者たちの作業（岡田・木村・大村［2014］）があり、実質的に重複する領域を扱っている。またこの人類学者たちも参加した「宇宙の人間学」研究会による『なぜ、人は宇宙をめざすのか』(「宇宙の人間学」研究会［2015］)がある。

このような段階で「宇宙倫理学」がどのような学問になるのかを展望するのはやや時期尚早の感があるが、それでもあえて水谷・伊勢田、神崎らの整理を踏まえるならば、宇宙倫理学とは生命倫理学・環境倫理学、あるいはそれらを含めた科学技術の倫理学の一環、つまりは二十世紀末葉以降急速に発展した応用倫理学の一種であり、それゆえ生命倫理学や環境倫理学のアナロジーにおいてその課題構造を捉えることができる。

応用倫理学の歴史的文脈

以下、応用倫理学の歴史的意義について、比較的自明と思われることを簡単に確認しておこう(生命倫理学の歴史については香川［2000］、環境倫理学については鬼頭［1996］などを参照のこと)。

生命操作技術や先端医療を典型とした、科学技術の発展が、従来はその存在理由を「人間の本性としての知的好奇心の充足」さらには「そこで得られた知見の実践的応用による、個別の人間の幸福、自由、善き生への貢献、さらにそれを通じての人類社会全体の繁栄への貢献」に求められていたが、二十世紀後半以降の科学技術の展開とその社会に与えるインパクトは、そのような正当化の図式を揺るがした。

現代の生物科学、その応用としての生命操作技術や先端医療は、主として、生物学の探究のみならずその技術的応用のメインターゲットが遺伝子のレベルに到達したことによって、人間の生物学的アイデンティティ自体を揺るがしかねない領域に突入した。乱暴に言えば従来は生物科学ならびにそれとの関係における人間科学は、探究の主題である「人間」がそもそも「何」であるのかは自明の前提として、その人間の具体的な性質のディテールを研究することに専心してきたし、またその知見を「人間」の役に立てることに努力してきた。そもそも「人間」とか「生物」といった抽象概念は、実証科学的な研究によってその何たるかが明らかにされるようなものであるというよりは、むしろその何たるかが漠然とではあれ人々の間で「常識」として共有されることによってはじめて、具体的な実証研究が可能となるようなものであり、かつそうした実証研究を通じて日々更新されてはいくが、それ自体として棄却されることはない、つまりイマニュエル・カント的な意味での「カテゴリー」である――倫理学を含めた伝統的な近代哲学の考え方はそのようなものであった。

しかしながら今やそうした実証的生物科学の探究は、そもそも「人間」とは「何」であるかについての既存の常識を揺るがすような知見を時折もたらす（極めて近くはあるがそれでも歴然たる異生物である類人猿とヒトとの遺伝的な相違が驚くほどに低かったり、あるいは「言語」と呼びうるかもしれない機能を、類人猿以上にヒトから遠い動物が備えていたり……）し、あるいはその技術的応用によってこの境界線を揺るがしもする（ヒトとそれ以外の生物の遺伝子を組み合わせる「キメラ」などはわかりやすすぎる）。

そうした知見を受けて人々は、たとえば人間がお互いを道徳的配慮の対象としていたその根拠が何であったのかについて、あらためて思い悩むようになった。たとえばある種の生き物は、人間を道徳的配慮の対象たらしめている根拠（たとえば知性とか、感受性とか）をいくぶんかは備えているかもしれない。そうしたら、その生き物は少なくともそうした根拠を備えている分だけ、道徳的配慮の対象に——具体的には、福祉サービスを供給され、権利を保護されるべき存在になるのではないか、と。これは生命倫理学、環境倫理学双方にとってのサブ領域である——ことを超えて独自の分野として自立しつつある動物倫理学のテーマである（入門書としてGruen［2011=2015］、伊勢田［2008］、伊勢田・なつたか［2015］）。

さらに人間は、ある種の生き物に操作を加えて、知性その他の「人間」的な性質——人間を道徳的配慮の対象たらしめている根拠——を備えるようにしてしまうかもしれない。のみならず、生物ではない純然たる人工物、すなわち機械についても、同じことが——つまりは自律的な知性を備え、自己保存能力を持ち、自分で判断して行動する機械を人間は作り出してしまうかもしれない。これは言うまでもなくロボット倫理学のテーマである（Wallach & Allen［2009］、Lin, Abney & Bekey［2012］、Bostrom［2014］ほか）。

かくして、そもそも「人間」とは何であるのか、また人間がその典型であるところの、道徳的配慮の対象とは、厳密にはどこからどこまでなのか、が、科学技術の発展の結果、必ずしも自明ではなくなってきた——という事情が、生命倫理学を筆頭とする応用倫理学全般の隆盛の背景にある。ゆえにそれは狭義の倫理学——実践的な規範倫理学のみならず、いわゆるメタ倫理学やさらにその前提としての哲学的人間学、つまりは存在論、形而上学の再編成をも促しかねないものである。

そもそも倫理学が「哲学的倫理学」であるのは、倫理あるいは道徳という水準における我々の思考——道徳的な判断が、超越論的＝先験的、つまりはあれこれの具体的な経験に先立つ水準において行われるという性格を持つからだ、ととりあえずは言っておこう。乱暴にかつ一面的に挙げれば、たとえば、現実に日々どこかで人は殺されているということは事実だが、だからと言ってこの経験的事実が「人を殺してはならない」という道徳的命題の正しさに変更を迫ったりはしない、といったようなことだ。

もちろん現実には、あるいは客観的に、第三者の目から見れば、歴史的な時代が変わり、土地が変われば、つまりは人々がそこで暮らす社会的な風俗習慣、さらには物理的な条件——科学技術や自然環境が変われば、そこで人々が行う道徳的判断のあり方、「そうすることが正しい・善い」と人々が考えるふるまい方・生き方もある程度変化する。つまり道徳の具体的な内実は歴史的・社会的に相対的であるし、そのレベルでは経験的な事実として存在する。

しかしながら、社会のただなかで、その社会において常識的に定着した道徳を受け入れて生きる人々の当事者としての立場からすれば、道徳は人々のいちいちの行為に先立つ「決まり」「原則」「常識」として成り立っていて、あれこれの具体的行為をなすかなさぬかの判断を導く何ものかである。現実に人々がやっていることを見れば、そうした導きに従った行為はつねに成功しているわけではない。にもかかわらずそうした失敗、つまり道徳と現実がずれてしまっているということが、現実に合わせての道徳の修正を引き起こしたりは——とりあえずは——しない。そのような意味において道徳は超越論的である――経験に先立っている（先験的である）。それは論理法則や数学が、あるいは日常的に用いている言葉、自然言語の規則がそうであるのに少し似ている。

客観的な現実についての認識、判断においても、実際のところはこうした超越論的な側面は案外重要である。たとえば我々は「生き物」の観念、何が生物であり何がそうではないのか、また生物が共通して持っている性質は何か、についての漠然たるアイディアを持っている。もちろんそれは様々な生物、生命現象についての経験科学的探究によって日々バージョンアップされるものではあるが、どうしてもそうした経験的判断には解消しきれないレベルでの「これは生き物である／ない」という判断、むしろその判断によって「とりあえず生き物であろう」と何かが選ばれることによってはじめて、「さてこれが生き物であるとしたら、「生きている」とは果たしてどういうことなのだろうか」という経験的探究が可能となるような、そうした根源的判断、まさに超越論的＝先験的判断に、根っこのところでは支えられているのではないだろうか？

そうした根源的判断は、たとえば我々が地球外生命に出会うときには（実際にそのような日が来るかどうかはわからないが、まさにこれは宇宙倫理学の課題である）、まさにむき出しとなるだろう。地球外天体において我々が未知の生物に出会うことがあるとして、果たして我々はそれをいかなる基準において「生き物」と呼ぶのであろうか？　そうした「生き物」は我々と同じように水やタンパク質を基盤とした化学反応によって動いている可能性はおそらく高いだろう。だがそれが我々のそれと同じDNA、核酸として構成されている可能性は、極めて低いだろう。そうだとしたら、我々がその現象、その物体を単なる複雑な物理化学的プロセスを超えた「地球外生命」と呼ぶ基準は、ＤＮＡのあるなしではありえない。ではいかなる基準が？

我々はおそらくそうした「最初の接触」の現場において、新たな生命の定義、従来とは異なる「これは生き物である／ない」の判断基準を編み出すことになる。そしてその基準と従来の基準とがどこで連続し、どこで断絶しているかも、そのとき初めて知ることになる。新しい生命の定義は、いったん確立してしまえば、古い生命の定義と同様、まったく経験的な基準であるかのように見えるだろう。しかしどうやってそれは新しい「生命の定義」として生み出されたのか？　古い生命の定義と新しい生命の定義をともに同じく「生命の定義」たらしめている、いわば「生命の定義の定義」があるはずなのだが、それはいったい何か？　このように考えるならば、まさにこの「生命の定義の定義」は、経験に先立つ超越論的な何ものか、である。

我々の思考における基本的な概念のいくつかは、こうした超越論的な性格を持っている。もちろん「人間」もそうだ。「地球外生命」はもちろんのこと、「異星人」との「最初の接触」において我々の「人間の定義」は更新されざるをえない。そして、そのような更新を可能とする、つまり歴史のなかで経験を通じて変化していく様々な「人間の定義」をそれでも同じ「人間の定義」の仲間として結びつける「人間の定義の定義」というものがあるとしたら、それは超越論的な水準にしかないわけである。そして道徳、というものも、それが実のところ何であれ、そうした超越論的な性格をいくぶんかは持っている、と我々は考えた方がよいだろう。またそれはここでいう意味での「人間」と不可分である。何となれば人間とは、道徳的配慮の主体の典型であると同時に、その対象、客体の典型でもあるからだ。

応用倫理学の哲学的意義は、「人間」概念を中心とするこのような基本的な、超越論的な「常識」に対する深刻な懐疑、捉えなおしの要請が、哲学者の思弁のなかからではなく、主として高度な科学技術の発展によって、世俗的な日常生活の実践のなかから立ち上がってきたというところに存する。上に見たような生命倫理、ロボット倫理の展開を見れば、それはわかりやすいところであろう。そして同様のことはもちろん、宇宙倫理についても当てはまるのである。

宇宙存在論／ロングレンジの宇宙倫理学

以上の確認を踏まえて、宇宙倫理学の課題について、いくつか考えてみるとしよう。

まず第一点として、あからさまにわかりやすいところから入るならば、地球外知性・生命（extraterrestrial intelligence/life）の問題がある。地球外に存在しているかもしれない、人間以外の知性、あるいは生命と、人間とその社会はどのように関係していくべきか、いけるのか？　そうした存在に対して我々はどのような道徳的対応をすべきなのか？　いやそもそもそれ以前に、我々は果たしてどのような存在であれば、道徳的対応をすべき、という以前にそもそもコミュニケーション可能な「知性」と――つまりは、上の意味での、「（カテゴリーとしての）人間」とみなしうるのか？　それどころか、どのような存在、現象であれば我々はそれを、仮にＤＮＡとか、あるいは水やたんぱく質によって成り立っていなくとも「生命」とみなすのだろうか？　このような「宇宙人間学」とでも呼ぶべき問題領域は、すでに哲学領域で蓄積されている「心の哲学」や「存在論」の知見と、天文学・宇宙物理学のサブジャンルとして開拓されつつある「宇宙生物学（Astrobiology）」（cf. Ulmschneider［2006=2008］）とが切り結ぶ場となるだろう。

さらにもう少し踏み込むならば、この問題領域は「宇宙人間学」を超えて「宇宙存在論」とも交錯せざるをえない。

実証科学としての宇宙論の理論・観測両面における発展は、「宇宙」自体が複数存在する可能性、それらの宇宙を支配する法則（物理的、論者によっては論理的なそれをも含む）もまた可変的で多様である可能性をも示唆している。また発見的な方法論としての「人間原理」によれば、そうした宇宙の多様性と、宇宙の観察者――つまりは先に触れた「（カテゴリーとしての）人間」に当てはまるものすべて――のありようとは、不可分の関係を持つ。

「人間原理」を踏まえた「宇宙存在論」について、非常に初歩的なレベルの議論を、試みに提示しておこう(4)。

そのなかに観察者を生み出さない宇宙は、誰によっても観察されない。では、「観察者を生まない宇宙は、誰によっても観察されないのだから、存在しないのも同じだ」（「ある宇宙に属する観察者は自分が属する宇宙とは別の宇宙は観測できない」と普通は考えられている）と言ってよいか？　よさそうに見える。しかしここで問題は「存在しないのも同じだ」という表現である。「存在しないのも同じだ」

という表現は、「存在しない」の単なる言い換えに過ぎないのだろうか？　おそらくはそうではない。

このような「〜も同じだ」なる日本語表現においては「……にとって」が省略されている。つまりこうした「Aであることは Bであることも同じだ」という表現は、「AであることはBであることだ」ということを普通は意味しない。ここでは、AであることやBであることを感受する主体X（これは特定の何者かでもよいし、不特定の万人であってもよい）の存在が暗黙の裡に想定されていて「Xにとってはであってもであっても違いはない」と主張されている、と解釈することが自然である。

「観察者を生まない宇宙は、誰によっても観察されないのだから、存在しないのも同じだ」という場合、何が主張されているのか？　物理法則なり初期条件のおかげで、そのなかでは意識ある生命が発生しなかった宇宙においては、その宇宙を観察する主体は存在しない。もちろんここでは宇宙の多数性が想定されているから、この特定の宇宙（仮に一号とする）とは別の宇宙（二号、三号、……とする）が存在しており、そのなかのどれかには意識ある生命が存在しているわけである。そのような存在は、自分が存在している宇宙を観察することができるだけではなく、他の宇宙について想像をめぐらすこともできるし、単なる想像を超えて、実証科学的な仮説を立てることもできる。

ただし、多宇宙に関する有力な考え方においては、それぞれの宇宙の間では一切の因果的な作用はなく、ゆえにある宇宙に住まう存在は他の宇宙に移動することはもちろん、何らの干渉も、それどころか観察さえできない。他の宇宙、そして多宇宙体系に対してなしうることは、それについて考えること、仮説的に想定することのみであって、観察や実験を通じての検証はできない。「最善の仮説によれば、多宇宙が存在すると考えることが、理にかなっている」までしか言えない。

さてそのうえで「宇宙一号のなかに存在する観察者にとっては、宇宙二号が存在してもしなくても違いはない」と言ってよいかどうか、が問題である。「違いはない」つまり「どうせその存在ないし不在が確認できやしないのだから、そんなものが存在するかどうか考えても無駄だ」とする立場は普通「反実在論」と呼ばれ、逆に「そんなことはない、我々自身によってその存在の有無が確かめようがないものではあっても、それが存在していると考える方が理にかなっているか、あるいは存在しないと考える方が理にかなっているか、の違いが明確にあるようなものであれば、その存在の有無について考えることには大いに意味がある」という立場は、「実在論」ということになる。(5)

常識的に考えると、「実在論」の方が圧倒的に理にかなっているように見えるが、ことはそう簡単ではない。ここで便宜的にズルをして、「神の視点」とでも言うべきものを呼び出す。その立場からはどの宇宙も等しく観察できる（介入については考えない）、とする。この立場からは、宇宙一号、二号、三号がいずれも観察できるし、宇宙一般について考えることはもちろん、特定の宇宙n号について考えることもできるはずだ。

それに対して特定の宇宙、たとえば一号のなかに存在する観察者たる「人間」について考えよう。宇宙一号内の観察者に観察できるのは、もちろん宇宙一号だけである。しかしながらこの観察者は、最善の仮説的推論によって「多宇宙が存在するはずだ」という結論に到達することができる。そしてこの結論は正しい。ただ、その正しさを判定できるのは、言うまでもなく神だけであるが。

しかしながら宇宙一号内の観察者＝「人間」にできるのは、宇宙一号の観察と、宇宙一号を含めた宇宙一般についての理論的な思考だけである。つまり、宇宙一号以外の特定の宇宙二号、三号……については、観察することはもちろん、それについて考えることさえもできないはずなのだ。もちろん、一号内のある科学者が理論的な考察に基づき、一号とは異なる性質を備えた（たとえば、「人間」が……それどころか生命が一切存在しない）宇宙について思い描いたとする。そしてそれがたまたま、実在する宇宙二号とぴったり一致する性質を備えていたとする。ではここで宇宙一号の科学者は、宇宙二号について考えていたと言えるか？　それは言いえない（Kripke［1980=1985］における「一角獣」をめぐる議論を参照）。そもそも宇宙一号の住人は他の宇宙を具体的には観察できない。だから自分が考えた想像上の他の宇宙と、実在する他の宇宙とを結びつけることもできない。それができるとしたら神だけである。

多宇宙についての「実在論」がたかだかこの程度のものであるとしたら、「反実在論」の洞察もそう馬鹿にできたものではないことになる。つまり「観察者を生まない宇宙は、誰によっても観察されないのだから、存在しないのも同じだ」という主張は、個別の宇宙のレベルでは根拠を欠いたものに見えるが、これを多宇宙全体のレベルにまで引き上げてしまうと、つまり「そのなかのどの宇宙も観察者を生まない多宇宙の全体は、誰によっても観察もされずそれについて思考もされないので、存在しないのも同じだ」となると、格段に不穏なものとなる。

まとめよう。宇宙論において「人間原理」を援用する論者のなかには、「宇宙は必ずそのなかに観察者を生み出す」とまで主張する者も存在する。それは少なくとも、個別の特定の宇宙のレベルについて言えば、ナンセンスな議論のように思われる。しかしながら多宇宙のレベルまで行けば、話は途端に怪しくなる。すなわち「(カテゴリーとしての)人間」の存在について考えることなしに、宇宙について考えることはできないのだ。

しかしながら実はここまで抽象的な議論をしなくとも、もっと具体的で身もふたもない——それこそ、多宇宙・他の宇宙の可能性など考慮に入れず、我々を生んだこの宇宙に視野を限定したうえでも、人間と宇宙との関係ののっぴきならなさについて考えることは十分にできる。つまり、「人間」のなかの特定の一グループたる我々人類について言えば、果たして宇宙に進出して宇宙文明を築くのか、あるいはこの地球の上で終始するのかは、いまだどちらとも言えない。しかしながら宇宙全体を見渡して「(カテゴリーとしての)人間」全体について考えるならば、いつか、どこかで、誰かが、宇宙文明を構築する可能性は無視できない大きさに達すると考えられる。

だとすれば、そうした宇宙文明が、たとえばダイソン・スフェア(恒星の周囲を人工建造物で物理的に取り囲んで、そのエネルギーをほぼ百パーセント捕捉して活用しようというシステム。物理学者フリーマン・ダイソンが提唱)かそれ以上のスケールの人工物を構築する、つまりは宇宙環境を改変する可能性もまた、ゼロではないことになる。たとえば、ごく単純にダイソン・スフェアだけについて考えてみよう。ある恒星系にダイソン・スフェアが作られれば、単純にその恒星の外から観察したときの見かけが変わってしまう。すなわち、単純に暗くなる(可視光線を出さなくなり、替わって排熱とともに赤外線などが放射されるのだろうか？）。さらに、そうした文明が星から星へと広がれば、銀河全体が丸ごと暗くなってしまう、という可能性もある。つまり結論的に言えば、宇宙のなかに生命が存在するかしないか、広い意味での「人間」が登場するかしないか、によって、宇宙の物理的構造が——場合によっては性質までが——変わってしまう可能性があるのである(6)。

このように「宇宙存在論」は不可避的に「宇宙人間学」を含んでしまうのだとすれば、宇宙倫理学もまた、こうした巨視的なレベルにおける考察を射程に入れなければならない。

グローバル・コモンズとしての宇宙／ショートレンジの宇宙倫理学

それに対して第二に、いわば上記の迂遠すぎる課題の対極、派手さはないがすでに現実化している問題領域としては、現実の宇宙法・宇宙政策にまつわる応用倫理学がある。

学術的な宇宙探査もさることながら、宇宙——主として地球周回軌道における、宇宙船と人工衛星等による様々な——学術的、軍事的、商業的——活動の規制を主題とする「宇宙法」は国際法のサブジャンルという形で実務的にも学問的にもすでに一定の発展を見ており、「応用倫理学」的にはもっとも具体的かつ喫緊の課題が目白押しである。具体的には宇宙における軍備管理、リモートセンシングその他地球周回軌道の人工衛星から得られるグローバルな情報の利用とその規制、スペースデブリ（宇宙ゴミ）の処理、宇宙飛行士その他宇宙滞在者の健康管理等々、がすでに理論上の可能性としてではなく現実の問題として政策課題、ビジネスイシューとして扱われている(7)。

こちらもまた本書の主題ではないが、宇宙法、特にその領域法的側面との関連を意識して、簡単にこの地球周回軌道の倫理学についてイメージしてみよう。

国際法の一環としての宇宙法を見たときには、それは海洋法、航空法とのアナロジーによってその原型が形づくられているし、かつそのアナロジーが破綻することによって、その独自性、固有性が明らかになるように思われる。

海洋法とのアナロジーで言えば、一九六七年の宇宙条約を貫く基本思想でもあるが、宇宙は公海と同様に、グローバル・コモンズ、グローバル公共財として扱われている（一九八四年の月協定では、宇宙空間や月その他の他天体は common heritage of mankind と呼ばれている）。宇宙空間の領有は認められず、「公海自由の原則」と同様に、自由な交通が認められている。

ただし、海洋法においては、空間としての公海の領域は、歴史の経過とともに狭められていく。すなわち、主権国家の領海は三海里から十二海里へと延長され、さらには二百海里の排他的経済水域や、大陸棚までもが主権国家の管轄権の範囲内とされるようになっていき、厳密な意味でのコモンズとしての公海や深海底の範囲はどんどん小さくなっていく。

それに対して宇宙空間については、こうした傾向は、少なくとも今のところは見られない。すなわち、領空の延長で、ある主権国家の領土・領海の上の宇宙空間に対して、当該国家の領域権が主張されるということは（一時期の例外的なものを除いては）ない（そもそも「空」と「宇宙空間」の区別について、いまだ衆目の一致する法的規定がないにもかかわらず）。その理由としてはひとつには、宇宙空間

――この場合には地球周回軌道については、領空の単純な延長で領域権を設定することが、そもそも物理的に見てナンセンスだからである（宇宙法の適用において、ある一定の空間をもって宇宙法の対象となす「空間説」に対する、空間ではなくそこにおける人間・人工物の宇宙活動の性質に着目する「機能説」の優位とでも言うべき状況[8]）。

地球周回軌道においては、その軌道上において地上に落下せずに一定以上の時間存在し続けることができる宇宙物体は、その高度によって決まった速度で地球の周囲を周回し続けることしかできない。つまり自然、人工を問わずどのような宇宙物体であっても、地上に相対して固定した位置を確保することはできない。例外が赤道上の静止軌道であるが、それ以外のすべての軌道上の宇宙物体は、地上との関係では絶えず（地上的な感覚では）猛スピードで動き続けるしかないのである。だから（地球自体が太陽の周回軌道を公転し続けていることを無視しても）地球との関係で一定の空間を「領海（territorial sea）」ならぬ「領空間（territorial space）」と設定しても意味がない（「領空」は“airspace”）。船舶に対して同様、宇宙物体に対しては国家に帰属させ、その管轄権をはっきりさせることはできるが、空間に対してそれはできない。

また二十世紀以降急速に浮上した宇宙政策上の課題として、スペースデブリ、宇宙ゴミの問題がある。使用期限が過ぎた人工衛星等は、本来地球上に落下して大気圏内で燃え尽きるなどの形で処分されることが望ましいが、故障などでそのように正規に廃棄されそこなった衛星、さらには何らかの理由で破壊された衛星の破片、さらにはロケットの噴射剤等の残存物が、地球に落下せずに軌道を周回し続けている。それなりの大きさの（地上から把握できる）ものでも万単位、微小なものを入れればそれをはるかに上回る量のゴミによって、地球周回軌道はすでに汚染され、人工衛星や宇宙船の正常な運行にとって脅威となっている。すなわち、グローバル公共財（public goods）としての宇宙空間を汚染する公害（public bads）となっているのであり、そのコントロールは不可避の公的課題である（最新の日本語文献としては加藤［2015］など）。

ただ、宇宙空間が将来にわたってグローバル・コモンズのままであり続けるかどうかは、必ずしも明らかではない。地球周回軌道は、静止軌道が最もわかりやすいが、それぞれに特徴を持ち、人工衛星その他の宇宙機はその用途、機能に応じてそれぞれにふさわしい軌道を周回する。それゆえに宇宙空間——地球周回軌道は案外と混み合っている。それゆえ将来的には、地上における通信・放送用の電波周波数帯の割り当てと同様に、いわば希少資源としての軌道周回権の割り当て、という課題が浮上する可能性もある（現在でも静止軌道を中心に様々な取り決めがある）。そうなると、場合によっては個々の人工衛星のみならず、軌道を周回する権利もまた、国家ないし私的主体の財産として排他的な管轄権下に置かれる可能性がある。通信や探査を中心に、宇宙の商業利用がますます活発化する現在、「宇宙活動の民営化」とでも言うべき課題が浮上しつつある。

このように考えると、地球周回軌道については、環境倫理学の延長線上での議論がかなりの程度有効になるのではないか。あるいは、地球周回軌道は、広い意味での地球環境の一部である、と考えてもよいのだろう。

宇宙植民の倫理学／ミドルレンジの宇宙倫理学？

しかしこの論考では、この二つの問題領域を掘り下げることは極力避ける。つまり、短期的かつ実際的――今現在すでに実際的な問題となっているか、あるいはそうではなくとも、現状の宇宙技術と人類社会の政治経済状況からストレートに予測可能な程度の未来において想定される――問題と、長期的かつ原理的――そもそも地球外知性・生命と地球人類の接触がいつ起こるかはまったく予想不能であり、そもそもそのような接触など永久に起こらない可能性も排除できない――問題を両極とする軸の上で、両者のいわば「中間」の領域に位置する問題について、主題的に考察していきたい。すなわち、とりあえず地球外知性との接触という問題を括弧に入れたうえで、地球人類の宇宙への進出には、いかなる道徳的問題がありうるか、に焦点を当てていく。

より具体的には、「宇宙植民（space colonization）」とでも言うべき課題を焦点としたい。ここでは宇宙植民を暫定的に「ただ単に地球外の宇宙空間、他天体への科学的探査や資源の活用が恒常的になされるだけではなく、無視しがたい数の人間が、恒常的に生活する拠点――より具体的に言えば、世代的な再生産を行う共同体としての「植民地（colony）」――地球外空間や他天体上に確立すること」と定義しておこう。

軍事・商業を中心とした宇宙利用の対象領域は、今のところ基本的に地球周回軌道であり、それを超えた深宇宙――他惑星や、ひょっとしたら太陽系外――への探査の主力も、地球上・地球周回軌道からの観測や、無人宇宙探査機であるような現在、そしてそうした状況が基本的には変わることがない近未来の宇宙開発・利用についての応用倫理学は、言ってみれば「ショートレンジ」の宇宙倫理学である。それに対して、地球外知的生命の存在の可能性や、それとの接触が引き起こすであろう問題、あるいはダイソン・スフェアや、自己増殖ロボット、スティーヴン・ウェッブ（Webb［2002=2004］）の言うブレイスウェル＝フォン・ノイマン探査機による恒星間宇宙植民といった、純粋に理論的、思弁的な、我々人類、この地球を出自とするこの生き物たち、この文明にとっての現実的な課題になるかどうかもわからず、むしろ実在しているかどうかもわからない地球外知性を含めた、宇宙における生命、知性一般の問題について考察する作業――先述の「宇宙人間学」「宇宙存在論」――は、いわば「ロングレンジ」の宇宙倫理学である。

それに対してここでの主題としたい「宇宙植民」とは、それこそオニール型スペース・コロニー構想を典型とする、今現在の我々とそれほど大きく変わることのない人間たち（といってもある程度は変わらざるをえず、その変化こそが問題であることはのちに論じられるが）による、恒久的宇宙進出である。それは現在の科学技術や、またのちに見ていくように社会経済制度、文化状況の下ではなされえない事業であろうから、「ショートレンジ」の宇宙倫理学の射程内にはない。しかしその一方で、今現在の我々人類とさほど変わらない存在を主役とする事業である以上、「ロングレンジ」のそれとも言えない。その意味でこの問題領域は、「ミドルレンジ」の宇宙倫理学の守備範囲なのだ。

1-2　ミドルレンジの宇宙倫理学の困難

ミドルレンジ＝宙ぶらりん？

ところでこのような、いわば「ミドルレンジ」の宇宙倫理学には、第一に、一方の極における現行の宇宙政策、宇宙法と直結するショートレンジの宇宙倫理学、また他方の極における、宇宙における人間、知性、生命の意味を問うロング（ないしディープ）レンジの宇宙倫理学と比べたとき、その問いの意義が必ずしも明らかではない、という難点がある。

ショートレンジの宇宙倫理学には、すでに現実の宇宙開発ならびにそれをめぐる法制度、政策実践という具体的な対象がある。とりわけ、グローバル・コモンズとしての宇宙空間（具体的には地球周回軌道）の管理という課題は、地球環境倫理学やグローバル安全保障倫理といった先行研究との接続のうえで論じられるであろう。

他方、ロングレンジの宇宙倫理学もまた、実はそれほど見通しの悪い問題領域ではない。そこには具体的な対象が欠けているからこそ、逆に極めて抽象的かつ一般的な思弁による探究が許容される余地がある。たとえばそこにおいて「知性」あるいは知性を備えた「人間」について論じる場合、我々は必ずしも現存の人類（自然人）ならびにそのありうべき未来の後継者のことのみを具体的に念頭に置いて論じる必要はない。たとえばすでに物理学者・天文学者を中心に、理論的に可能な宇宙技術や宇宙文明についての思弁（ダイソン・スフェアや「ブレイスウェル＝フォン・ノイマン探査機」による宇宙植民など）が展開されているが、先にも示唆したとおりそれらの多くは、必ずしもその主体をホモ・サピエンスならびにその何らかの意味での継承者として想定しているわけではない。要するに知性があり、技術文明を構築している生物でありさえすれば何でもよいのである。そのような意味において「人間」「知性」「文明」について、つまりは特定の個体群であるところのホモ・サピエンスとその文明についてではなく、理論的には宇宙に複数存在していてもおかしくはない、極めて一般的な意味における「（カテゴリーとしての）人間」と「文明」について考えることは、別におかしなことではない。

それに対して特定の生物個体群であるところの我々、ホモ・サピエンスとその文明については、その宇宙進出の可能性について真剣に考えることには、何ほどかの滑稽さとアンバランスさを伴わずにはいない。我々地球人類が、結局のところ宇宙に本格的に進出することなく滅びてしまう可能性も、決して低くはないのである。しかしながら考察の主題を、我々自身ホモ・サピエンスのみならず、それがその単なる一例に過ぎないところの、より一般的な意味での「人間」「知性」「文明」の宇宙進出についての議論とするならば、そのようなあやふやさは問題とはならない。そこでは問題はそもそもの初めから理論的、思弁的なものであることはあきらかであるし、かといって純粋に思弁にとどまるわけでもなく、そうした思弁によって空想された可能性が、広い宇宙の長い歴史のなかで、いつかどこかで実現されるのを期待することは、少なくとも我々自身の直接の末裔の宇宙進出を期待するのに比べれば、はるかに分の良い賭けであるからだ。それは単なる可能性というよりは、蓋然性の域に達している。

以上のごとき両極の中間、いわばミドルレンジにおける宇宙倫理学を構想することには、どのような意義があるのだろうか？　それは言ってみれば中途半端に実践的で、かつ中途半端に思弁的である分、多大な緊張を強いられる半面、その知的学問的意義が必ずしも明らかではない作業となることが予想される。現行宇宙政策・宇宙法と直結した実践的な宇宙倫理学の意義はほとんど自明であろう。他方極端に浮世離れしたロングレンジ宇宙倫理学も、現代宇宙論や伝統的な哲学との接続は――ことに形而上学の本格的復興を見た現在では、極めて良好であると言える。そう考えると、このミドルレンジの宇宙倫理学という問題領域は、何とも宙ぶらりんである。

ショートレンジの宇宙倫理学の空間的な守備範囲は、実質的には広い意味での「地球環境」、地球システム圏内である。それを超えた外宇宙（静止軌道は高度約三万五千七百八十六キロメートル、月軌道は三十八万五千キロメートルである。日本の電波法上の「深宇宙」は「地球からの距離が二百万キロメートル以上である宇宙」）に対して、受動的な観測にとどまらない、実際に対象への介入をなしうるハードウェア（そのなかでいまのところ最も複雑かつ高性能なものが生身の人間、自然人である）を物理的に送り込むということ、単に送るにとどまらず、場合によっては持続的なプラットフォームを外宇宙に構築するという事業は、今日の技術水準や経済的生産力の許す範囲を超えてはいるが、予想可能な範囲での技術革新や、しかるべき政治的合意のハードルをクリアできるならば、近い将来（せいぜい数十年）において十分に実現可能とも思われる。この中途半端な具体性が、議論の方向を定めにくくする。実践的な実現可能性を具体的に議論することはばかばかしい、というより不可能である一方、単なる理論的な思弁では抽象的に過ぎて、やはり焦点を外したものにならざるをえない。

本書の主題に即してもっと具体的に言えば、先での定義の限りでの「宇宙植民」という課題自体のある種の据わりの悪さである。先の定義で我々は、ある程度具体的に「宇宙植民」の定義をした。「ある程度具体的に」とは、「何をどこまでやれば「宇宙植民を実行した」ことになるのか、がはっきりと白黒つけられる程度には」というほどの謂いである。そして言うまでもなくこの意味での宇宙植民は、「ショートレンジ」の未来においてなされないであろうことはもちろんであるが、そもそも「ミドルレンジ」の未来においてもなされるかどうかまったく定かではないのである。

つまり「ミドルレンジ」の宇宙倫理学において「宇宙植民」を主題とするということは、「宇宙植民事業に伴っていかなる社会問題が惹起され、いかなる倫理的問題が浮上するのか」について考察するだけではなく、いわばその手前で「そもそも現実問題として宇宙植民はなされるだろうか」「そもそも宇宙植民などという事業はなされるべきか、あるいはなされない方がよいのか」といった課題について、深刻に問われねばならない、ということである。

「未来予測」の困難

ミドルレンジの宇宙倫理学を構想することの困難さは、つまるところ中長期的な「未来予測」の困難さでもある。現在の自然環境や技術水準、あるいは社会構造を前提として、それが大体において不変である、との想定に立っての未来予測は、それほど困難ではない。ショートレンジの宇宙倫理学は、主としてこの範囲での仕事である。時間地平においても数年からせいぜい数十年である。それとは対極的に、ロングレンジの宇宙倫理学は、超長期的、ことによっては地質学的・天文学的なスケールの時間地平のなかでものを考える作業となる。このレベルの時間地平において、そもそも普通の意味での「予測」などは最初から不可能であるから、問題とはならない。そのうえで上述したように、必ずしも我々の直接的な末裔に限らない、この宇宙における生命や知性一般の可能性について、純粋に理論的に考えていけばよい。しかしながらミドルレンジの宇宙倫理学においては、百年から千年という、中途半端な時間地平において、しかもこの宇宙における生命・知性一般についての思弁ではなく、あくまでも現在の我々人類社会の直接の延長線上の可能性についての、中途半端に具体的な思弁を要求される。

あえて極端な言い方をすれば、天文学的スケールでものを考えるロングレンジの宇宙倫理学（それは実際には存在論や広義における「人間学」ではあっても、「倫理学」とは言えないかもしれない）の側から問うならば、我々人類、ホモ・サピエンスが宇宙文明を築くことなく滅びてしまっても別にかまわない。より広い宇宙全体に視野を広げ、かつ時間的な地平もそれこそ我々人類の文明の持ち時間の外側にまで伸ばしてみてもよい。この広い宇宙のなかで、いつかどこかで誰か（何か）が持続可能な宇宙文明の樹立に成功しさえすればよい。そのような文明がどのようなものでありうるか、純粋に理論的にその可能性と限界について考察すればよい（のちにも触れるが、たとえばブレイスウェル＝フォン・ノイマン探査機による宇宙植民や、ダイソン・スフェアといった超巨大宇宙構造物をめぐる物理学者や宇宙科学者の議論は、そのようなタイプのものである）。しかしながらミドルレンジの宇宙倫理学においては、まさしく我々の直接の末裔、つまりはホモ・サピエンスか、あるいはホモ・サピエンスではなくとも、その知識と文明を何らかの形で継承した何者か（ホモ・サピエンスが育成した別の知的生物か、あるいはのちにも触れるが自律型ロボットか）が、地球外宇宙に恒久的拠点を築いて宇宙文明を構築するか否か、という、かなり具体的な、特定の可能性について考えなければならないのだ。そこでは我々は「宇宙植民がなされる未来」についてのみならず、「宇宙植民がなされない未来」についても考察し、さらに両者の比較検討も行わねばならない。しかし、繰り返すが、そのような中長期的な未来についての、具体的な予測という作業は、ひどく難しい。

そもそも未来予測をするためには、将来の歴史を左右するであろう要因を列挙したうえでその今後のふるまいを予測し、さらにそれら諸要因間の相互作用関係の予測もしなければならないが、それだけではすまない。現在は存在しない、あるいは大した意味を持たないが、将来出来してくるかもしれない新要因についても予測し、さらにその相互作用への参入についても予想しなければならない。

だから多少とも科学的な未来予想をしようというのであれば、厳密な意味での予測——世界が将来たどりうる経路の計算——はむしろ諦めねばならない。そうではなく、その経路がどのあたりに行く可能性があるか、という可能性の空間について、大雑把な検討をつける、ということが重要である。

つまりは、どのような要因が今後重要でありうるか、についての予想をしておくことである。つまり、モデルを作る際に、何を変数として組み込む必要が出てくるだろうか、についてのいろいろな可能性について考える、ということだ。それらの要因が実際にはどのように絡み合い、どのような経路をたどるか、の多少とも厳密な予測の試みは虚しい努力になろう。

つまるところこういう探究で明らかになるのはせいぜい「可能性の空間」である。しかしもちろん、現実の未来は、その可能性の空間のなかの特定の経路をたどるのであって、多くの人が知りたいのはそうした特定の経路において実現する「未来の現実」である。つまり空間全体の性質よりは、その空間のなかの特定の一点、ないしはその点がたどる経路である。

ショートレンジの宇宙倫理学において必要とされる未来予測は、せいぜいのところ現在の延長線上でのそれである。広大な「可能性の空間」について顧慮する必要はそれほどない。それに対してロングレンジにおいては、「可能性の空間」こそが問題となる。ダイソンら天文学者や物理学者たちによる宇宙文明についてのスペキュレーションは大体これにあたる。そしてミドルレンジの宇宙倫理学のターゲットは、それをあえてロングレンジの宇宙哲学と差別化して自立させるためには、「特定の経路において実現する「未来の現実」」に置かれねばならない。しかしそうしたものについて科学的な予測をすることはほとんど不可能である——先ほどから私はくどいほど念を押している。

では、どうすればよいのか？

やや突拍子もなく映るかもしれないが、ここで私は、リベラリズムという特定の立場を補助線として活用し、先に触れた「第三のレベル」の思考法を展開してみよう、と思うわけである。
学問としての倫理学には二つの下位分野、というよりも二つの層がある。ひとつは人々の実践的な道徳的価値判断を支援する、よりよき生、より正しいふるまい、よりよき社会とはどのようなものかについての指針を提示しようとする実践哲学の層であり、今日では規範倫理学と呼ばれる。それに対して実践的な価値判断から一歩退き、そもそも「善さ」とは「正しさ」とはいったい何なのか、道徳とはそもそもどういう現象なのか、を哲学的に吟味する作業があり、こちらはメタ倫理学と呼ばれている。規範倫理学はそれ自体が道徳の一部であり、学問的に洗練された道徳的お説教という色彩を帯びているのに対して、メタ倫理学は道徳の外側に立ち、道徳を批判的に分析する(9)。

先に見たように、ロングレンジの宇宙倫理学においては、宇宙における人間ならびにそれと相似た存在の可能性についての、形而上学的な探究が中核となるであろうから、メタ倫理学的な色彩が濃くなるであろう。実際問題として、何百万年、ひょっとしたら何億年も先の未来、そもそも我々現在の人類の系譜にさえつながらないかもしれない他の「人間」についての考察を主題とする作業が、人々への実践的な指針提供となるはずもない。それに対してショートレンジの宇宙倫理学は、まさに現代の宇宙政策、宇宙法に対するストレートな応用倫理学的考察を主題とし、規範倫理学的な色彩を強く帯びるだろう。その際は、たとえばリベラリズム——さらに細かく言えばそのなかでも「功利主義」だの「カント主義」だのとそれぞれにメタ倫理学的基礎を異にする多様な立場が林立しているのだが——といった特定の立場をはっきり打ち出したうえで、現状の宇宙開発の実践や政策体系を吟味する、という作業が中心となると思われる。

では、ミドルレンジについてはどうなるのか？

ミドルレンジの宇宙倫理学は、時間的に言えば数十年から数百年程度、場合によっては千年単位の射程を要求されるだろうが、そうした時間的射程を扱うことの難しさはすでに触れた。ここではそれについてもう少し焦点を絞って論じよう。

ショートレンジの宇宙倫理学の場合には、歴史的な変化はあまり考慮に入れずに議論を展開するわけであるが、これをもう少し正確に言うと、技術や政策、あるいは社会的慣行の変化に対して、それを評価する道徳的基軸、規範倫理学的理論の方は相対的に安定して不変である、という前提でもって作業を進めるだろう、ということだ。そうしなければ議論の軸がぶれて、実践的指針が出せなくなるのは言うまでもない。これに対してミドルレンジの宇宙倫理学は、もう少し違った可能性を考慮に入れなければならない。すなわち、数百年という時間のなかでは、技術や社会的慣行も、そして人々が直面する外的な自然環境も変化していくのはもちろん、それに対して道徳的価値基準の方も変化していかざるをえないだろう、ということを考慮に入れずして、ミドルレンジの宇宙倫理学は進められまい。

しかしながらその双方の可能性を同時に考慮に入れて具体的な作業をすることは非常に困難である。一貫した議論を展開するためには、それ自体はにわかには揺るがない安定した基礎が必要である。問題は、そのように安定した基礎など果たしてあるのかどうか、ではない。とはいえ、本当に不変の安定した基礎などどこにもなくとも、あえてそのようなものがあると想定してかかることなしには、我々は筋道の通った思考を展開することはできないのだ。

そこで私は本書で、極めて乱暴な想定との批判を受けることは承知のうえで、以下のような方針で議論を展開していく。すなわち「現在我々が踏まえているリベラルな倫理学、道徳哲学の観点から、許容されうるような宇宙開発、とりわけ人間の宇宙進出、宇宙植民とは、果たしてどのようなものになりうるのか?」という形で問いを立て、進めていく。むろん「それではショートレンジの宇宙倫理学との区別がつかなくなるおそれはないのか?」という疑問がそこに浮上するだろう。そこで私は議論の焦点を、すでに触れたとおり有人宇宙開発、それも恒久的な有人活動拠点を地球外に建設する、という広い意味での宇宙植民に絞る(それゆえ前出の、自己増殖型ロボット「ブレイスウェル＝フォン・ノイマン探査機」による「宇宙植民」は主題から除く)。むろんそうした宇宙植民活動は、公的事業でもありうるが私的な民間活動でもありうる。そして私の議論は、宇宙植民活動に対する、リベラルな道徳哲学の立場からの公的規制にのみとどまらない。

そもそもこれまで我々のリベラルな社会においても、まさに公的部門を主役とする宇宙開発事業が行われてきたということの意味を再度確認しておこう。もちろん、そのようなものが許容されていた理由は、ひとつの可能性としては「従来、宇宙開発は主として国家主義的な論理によって主導されてきたのであり、リベラルな立場は本来それに対して歯止めをかけるはずが、力が足りなかった」という解釈がありうる。実際現代の宇宙開発、宇宙利用において、有人ミッションの占める割合は非常に小さくなっている。そうしたトレンドは経済的、政治的リベラリズムの影響によるものだ、という解釈は十分に成り立つ。有人ミッションはあまりにも人的リスクが高く、採算においても引き合わない、という発想は、基本的にはリベラルなものだ。

しかしながらリベラルな立場からも、仮に宇宙開発に外部経済性が強く認められるのであれば、民間に任されるのではなく、公的部門の出番が認められることについてはすでに触れた。そしてそれ以上に我々が考えるべきは、いよいよ本格化しつつある民間宇宙活動の時代を前に、そもそも民間の私的な主体が、どのような理由で、何を望んで宇宙に行こうとするのか、またそのなかで有人ミッション、宇宙植民プロジェクトはどのような位置を占めることになるのか、である。つまり公的部門のみならず、私的な普通の人々の宇宙に寄せる欲望の形を予想する必要があるのだ[10]。

それでは章を改めて、より具体的な議論に入っていこう。

2　「スペース・コロニー」の倫理学

2－1　ジェラード・オニールの「島」

まずはかの「スペース・コロニー」について考えてみよう。(1)

宇宙の人工島

宇宙時代初期の純粋に理論的な考察や、あるいはフィクション、娯楽・芸術のなかの空想においては、宇宙への人類の植民活動は他の惑星（木星型のガス巨星ではなく、固体の地表を持つ地球型惑星）・衛星の地表で行われるもの、と素朴に考えられることが多かった。もちろん、地球以外の天体は基本的に、そのままでの人類の生存を許すような環境にはない。そこでそうした他惑星上の人類の生活拠点として、地下都市やドーム都市など、密閉された人工環境を維持する基地について、様々な空想が展開された。

しかしながらその一方で、非常に早い時期から、他の惑星の地表にではなく、宇宙空間で独自の軌道をたどる人工天体——月と同様に地球を周回する人工衛星、さらには地球と同じく太陽を周回する人工惑星——をこうした生活拠点として構想する人々がいた。単に人が常駐する宇宙基地——のちの言葉でいう「宇宙ステーション（space station）」だけではない。恒久的な生活拠点、それ自体が都市であるような人工衛星の構想が、すでに二十世紀前半において展開されていた（ロケットによる宇宙飛行の最初の理論家であるコンスタンチン・ツィオルコフスキーがすでに、基本的なアイディアを提示していた。冨田［2012］、永瀬［1993］ほか）。これはある意味で非常に驚くべきことである。

それゆえ、我々が「宇宙植民（space colonization）」なる言葉を口にするとき、どうしても意識せざるをえないかの物理学者ジェラード・オニールの宇宙植民地（space colony）——「島（island）」——構想は、それ自体は完全にオリジナルというわけではない。彼の構想にはツィオルコフスキーやアイザック・アシモフといった多くの先駆者がいた。しかしオニールの構想の歴史的な意義は、提案時の二十世紀後半において知られていた技術によって、完全に実現可能なプランとして提出されたことにあり、また人口爆発、資源制約、環境汚染といった時代の要請——ローマ・クラブの報告書『成長の限界』（Meadows *et al.*［1972=1972］）が広く議論を巻き起こした一九七〇年代という時代背景を考えてみるとよい——にもよく応えていたところにある。技術的に具体的であるだけではなく、イメージにおいてもヴィヴィッドな彼のプランは時代の心臓をとらえ、よく考えればありふれた普通名詞を組み合わせた、それ自体で本来ならありふれた言葉に過ぎない space colony という語——字義通りに捉えるならば、他の惑星上の植民基地をもこう呼んではいけない理由がない——のことを、もはや我々はオニール的な意味でのコロニー、それ自体都市であるところの巨大宇宙ステーション、以外のものとしては考えられなくなってしまった（日本においてはアニメ『機動戦士ガンダム』シリーズの影響もまた見過ごせない）。

オニール的な構想の肝は、ひとつには宇宙植民の拠点を他の惑星上にではなく、宇宙空間に独自の軌道をたどる独立の人工天体として配する、ということである。惑星環境の大規模な改造、地球化（テラフォーミング terraforming）、そしてその反対に、他惑星の環境の方に人間自体を適応させる人間改造プラン（この問題についてはのちに瞥見する）を考慮の外に置くならば、長期的に人間がそこで活動する宇宙基地は、閉鎖された人工環境を備えた構築物にならざるをえない。そこで初期のSFには、月や火星の植民地におけるドーム都市が頻出したのであるが、オニール的な発想のポイントのひとつは、「どうせ閉鎖環境を作るのであれば、なぜわざわざ他の惑星上に作る必要があるのか？」というものである。うまく調整された人工環境を構築し維持するのは、別の惑星上の基地より、宇宙空間のステーションの方がよいのではないか――これがオニールの構想のひとつの肝である。

重要なポイントはいくつかあるが、まずは重力の問題がある。もちろん、閉鎖された人工生態系の創出と維持という難題は軽視されてはならないが、この点はどこでも条件は大差ない。軌道上のコロニーと自然天体上のコロニーを分けるのが、この重力の問題なのだ。

訓練された専門家であればともかく、自由落下状態では人間は普通の日常生活を到底営めない。恒久的な生活拠点、人工都市としてのスペース・コロニーは、あくまでも普通の人間が普通の生活を営むことができる環境でなければならない、とするならば、他の惑星上に作られた基地は、どうしても重力の問題に直面する。具体的に言えば月の上で物体にはたらく重力、月が物体に及ぼす引力の強さは地球上の約六分の一、火星の場合には約半分である。これが人間の健康に対して、長期的にはどのような影響を与えるかは、まだ十分に理解されてはいない。「単純に考えて身体への負担が減り、健康に良いのでは？」などと素人としては思いたくなるが、現在の宇宙ステーションで得られた知見からするならば、自由落下状態、無重力状態に長期にわたってさらされることは、人間の身体に様々な問題を引き起こすことがわかっている。無重力と低重力は厳密に言えばもちろん違うが、筋力の低下や骨の脆弱化などの症状は、低重力化でも起きる可能性は高いだろう（Stine［1997=2011］、柳川［2015］）。

これに対して、完全な人工物として軌道上を自由落下状態にあるスペース・コロニーはどうなるか？　もちろんそれは、もっと小さいサイズのＩＳＳ（国際宇宙ステーション）などと同じく、宇宙ステーションには違いないので、そのなかでは重力ははたらかない。しかし機体を適切な速度で回転させ、遠心力による疑似的な重力を発生させることで、相応に快適な生活環境を作り出すことができる。この技術的可能性は、オニール以前からつとに知られていた。

もうひとつの重要なポイントは、輸送コストの問題である。惑星上に基地、コロニーを作ってしまった場合に、輸送の問題が深刻となる。人員や物資を地球から月や火星の基地に送り、また反対に基地から地球に送り返すためのコストが、惑星地表上に作られた基地の場合にはバカにならない。すなわち、惑星の重力を振り切って脱出するロケットとその設備を、基地の側でも完備せねばならないし、そのための燃料や推進剤も可能であれば惑星上で確保することが望ましい。惑星や衛星という「重力井戸」の底から脱出する速度、運動量を確保するのは、地球上でのロケット打ち上げのことにかんがみれば、容易なことではないことがわかる。

具体的に考えてみると、惑星地表上から上昇して、重力圏内から脱出することだけが問題なのではない。降りる場合にも困難な問題が生じる。地球から打ち上げ、地球に帰ってくる宇宙船の場合には、帰りには大気を利用して減速することができる。有人カプセルはパラシュートを使い、スペースシャトルはグライダーのように滑空した。しかし、大気がないか、著しく希薄な天体では、それができない。月着陸船がそうだったが、着陸時にも逆噴射をかけて制動しなければ、一気に落下してしまう。火星の場合は希薄とはいえ大気が存在し、パラシュートや翼を用いる余地がありそうだが、月やあるいは将来に探査が予定されている木星・土星の衛星の場合にはその手が使えない可能性もある（氷の層を突破しての着水、潜水という別次元の困難も予想されるが、それについてはおく）。

それに対して自由落下状態で独自の軌道を回る人工天体であるスペース・コロニーの場合には、このコストが大幅に削減される。つまりそこでは重力井戸の底に降りていく必要もなければ、そこから脱出する必要もない。地球との関係で言えば、地球からの打ち上げコストのことだけを考えればよいことになるし、複数のスペース・コロニー間の交通の場合には、それさえ必要ない。

地球のサバービア

オニールのアイディアにおける、自然の惑星・衛星上にコロニーを建設するのではなく、巨大な人工天体を丸ごとコロニーとする理由は上記の考察からおおむね明らかであるが、そこからさらに彼の構想の根本にある発想へと遡っていこう。

オニールのコロニーは基本的には地球の周回軌道、より具体的には地球・月系のラグランジュポイントという力学的安定点に配置されることが想定されている。そしてその素材は主として月から採られる、とされる。将来的には小惑星帯に進出し、地球の衛星としてではなく、地球とは別に独自の公転軌道をとる人工惑星となるコロニーの建設も予想されてはいるが、あくまでも第一歩は地球・月系である。

つまり確認しておくべきは、第一にこのスペース・コロニーは、宇宙開発の中継基地ではあってもフロンティアではなく、普通の人々が普通の市民生活を営む場として想定されている、ということだ。オニールの一般向け著作のタイトルが High Frontier であった（邦訳題名は『宇宙植民島』。O'Neill [1977=1977]）ことを思えば、これは強烈な皮肉である。月本体であればともかく、月軌道の宇宙空間自体には特に科学的に探索すべき対象はなく、利用できる資源もない。むろん地球大気に遮られない太陽光のエネルギーがあり、それはコロニー本体ではもちろん、地球でも活用されるとオニールは考えている。つまり太陽光発電はコロニーの主力輸出産業としてオニールによって想定されている。しかしもちろん、それ以外に利用可能な物質的資源は——コロニー自体のなかで作り出されるものを除いては——そこにはない。

つまり、ここで想定されている宇宙開発のフロンティアは、実はコロニー本体よりも月や場合によっては火星、そして何より小惑星である。しかし月、そしてとりわけ火星は重力井戸の底にあるため、そこで採取された物質的資源を地球に輸出することは非現実的であろう。オニール自身は月を最初のコロニーの資源基地として想定しているが、のちの研究では批判もされている。いずれにせよ、基本的に自然惑星・衛星上の基地は科学的探究拠点の域を出るものにはなりえない。しかしながら小惑星であれば、スペース・コロニー同様、重力井戸の底にはない。時間（といっても小惑星の公転時間程度であるから、せいぜい数年単位）さえかければかなりの低コストで、物資を——規模によっては小惑星丸ごとを動かして——地球周回軌道のスペース・コロニーまで持ってくることができる。(2)

このようにオニールの考えるスペース・コロニーは、科学的探究の観点からも、経済の観点からも、宇宙開発の最前線というよりは中継地点でしかありえない。しかしながらオニールの構想においては、主役はあくまでもコロニーであって、火星や小惑星帯といった宇宙深部のフロンティアでの探検ではないところがミソである。その構想においては、何もない宇宙空間に人間が恒久的に居住すること自体が目的なのだ。オニールのコロニーは、人口爆発、環境汚染、資源不足に直面した人類社会が、破局を回避して人口増大を維持するための戦略として、まずは位置づけられている。それは宇宙開発の前線（frontier）では到底なく、あえて言えば人類の長期的な生存のための前線なのである。

結論を先取りして言えば、オニールのコロニー構想とは、最前線の開拓拠点ではなくせいぜい後方支援の中継地点であり、もう少し踏み込むならば、地球という首都の郊外住宅地、サバービアなのである。より正確に言えば、さすがに地球に直接通勤することはできないから、職住近接のニュータウンということになろう。しかしながらその主たる存在意義は、フロンティアへのステップというよりは、あくまで居住地としての地球の延長たるところにある。フロンティアたる月や小惑星は、同時にまた、この拡大した地球としてのコロニーへの資源供給基地であるというわけだ。宇宙からの資源、物資を陸揚げするコストのことを考えれば、地球よりもコロニーの方が有利である。地球は減速に際して大気を利用可能とはいえ、やはり宇宙からの物資を安全におろすには相応のコストがかかる。

オニールが生前に残した文献から感じ取れるのはある種の切迫感、地球人類の未来に対する危機感と、それとは裏腹に、極力楽観的たろうとする虚勢である。オニールのコロニーはフロンティアの開拓町などではなく、こう言ってよければ、同時代アメリカの快適な郊外の人工的な再現としてイメージされている。なぜそのようなイメージを提示しなければならないかというと、あくまでも普通の人々、地球で生まれ育ち、地球で生きて死んでいくはずの人々が、ほぼそのままのライフスタイルを維持しつつ、生活していける場所としてスペース・コロニーを提示しなければならなかったからだ。なぜか？　人口爆発や環境破壊の脅威は、普通の人々の快適な生活をこれ以上地球上で続けさせることを不可能にするだろう、とオニールも時代の子として予想した。オニールはあくまで、人口問題への解決策として、コロニー構想を提示したのである。オニールにとって人口問題は、あくまで人道的に解決されねばならなかった。戦争や飢饉、疫病などによる大量死で、地球上で人類社会が持続可能なレベルにまで人口が減少する、といった結果は、むろんオニールの望むものではない。生活水準の低下も避けたいところであった。オニールのコロニー構想はその解決策として提案されている。(3)

彼のプランと似て非なる宇宙移民プランとしては、たとえば、地球環境が不可逆的に悪化して地球上で人類の生存が危機に陥るのを見越して、宇宙に避難所を作る、といったものがまず考えられる。破滅テーマSFでは定番のイメージであろう。また、過剰人口の処理、というオニールの問題意識を一面的にシビアに捉えれば、棄民の収容所、スラムとしてのスペース・コロニー、というヴィジョンも容易に思い浮かぶ。映画『ブレードランナー』以降の今日のSF、ポップカルチャーでは、むしろこうしたイメージの方がリアリティを獲得しているかもしれない。(4)

しかし繰り返すが、オニールはそのコロニー構想を、技術的に実現可能であるのみならず経済的に採算がとれて維持可能なもの、と考えている。いかなる犠牲を払ってでも地球人類を宇宙で生き延びさせるための悲壮な挑戦などではそれはまったくない。かといって棄民のスラムでもない。過剰人口を宇宙に吐き出して地球環境を維持可能とする一方、吐き出された側も棄民とはならずに快適な生活を享受でき、地球上と宇宙との間である種の均衡がとれることが期待されている。そもそものような均衡が期待できなければ、人々は宇宙に移民しようなどとは考えないだろう、とまでオニールは見込んでいる。つまりオニールのコロニー構想は、相当程度リベラルなプロジェクトだ。それは国家の利益や、全人類社会の生存といった大義名分のために（のみ）行われるのではなく、あくまでも（宇宙に行く人々も地球に残る人々も）一人ひとりの権利と幸福を守るために構想され、それを侵害しない範囲で実現可能なものとして考えられている。宇宙移民は国家に強制され、徴用されるわけでもなければ、生存のためやむなく移動する難民でもない。あくまで自由意志で地球を離れ、コロニーに赴くのである。

こうしたコロニープロジェクトは、仮に長期的には採算がとれたとしても、それでも初発の立ち上げにおいては、自由市場に任せていては到底実現不可能である。その理由は言うまでもなく、それに要する膨大な費用とリスクを、民間の事業主体には負担できないだろう、ということである。しかし長期的には採算がとれるとしたら、オニール自身がどこまで見越していたかは別として、従来の地球上でのネットワークやインフラストラクチャー、さらには現状での宇宙商業利用と同様、コロニー事業においても、一定の成熟を見たところでの民間事業者の参入、そして全体としての民営化が展望されることになる。

つまりは、オニールのイメージに沿って予想するならばこういう感じだ。コロニー建設はあくまで国家や国際機関主導の下、公的資金によって——つまりは租税や公債を財源に——行われる。しかしその住民の方は、強制的な徴用によるのではなく、自発的な志願者によって構成される。そうした志願者が都市を構成できる程度に大量に現れるようにするには、そこでの生活が相応に魅力的——少なくとも地上と同程度の水準を保たねばならない。しかもこの高い生活水準を、将来的には地球からの贈与によってではなく、自力で維持できるようにならなければならない。つまりは、最低限自給自足できるだけではなく、何らかの付加価値を生んで地球に輸出できなければならない。この輸出代金によって、初期投資を償還するのだ。

ではコロニーの輸出産業は何になるのか？　オニールが想定していたのは、コロニーを太陽光発電の拠点とし、無線送電によって電力を地球に供給する、というものである。このほかにも若干の高付加価値商品——宇宙空間の無重力・真空環境ならではの何か——が考えられるが、先にも触れたように地球への輸送コストの問題を考えれば、主力商品とはなりえまい。となれば太陽光発電以外には、知識・ソフトウェアくらいしか考えられないが、これは地球上と比べて比較優位を発揮する可能性はあまり考えられないだろう。

この輸出産業としての太陽光発電設備の運転整備の従事者と、彼らの生活ニーズを満たすための他の様々な産業従事者が、コロニーの住人となる。これは一種の企業城下町、カンパニータウンとなるだろう。

2―2　オニール構想の吟味

「宇宙難民」の不可能性

以上、オニールのコロニー構想を、私なりに咀嚼してまとめてみた。それはまずもって、将来に予想される人口爆発による破局を前もって回避するためのプランであり、破綻前の現在の（先進諸国の）ライフスタイルをあまり変えることなく維持することが前提とされている。「行き場を失った人々がやむなく宇宙に避難する」というイメージでそれを解釈してはならない。むしろそのような「難民としての宇宙移民」＝「宇宙難民」の発生を避けるためにこそ、オニールのコロニー構想は提示されている。このあたりについてもう少し考えてみよう。

そもそも「宇宙難民」というものがありうるのか、が問題である。我々がこれまでに知る難民は、あくまでも地球上の現象である。戦争や飢餓に追われて故郷を離れた人々は、地続きの土地にであれば歩いて移動できる。外洋に出ない程度のボートであれば、船も人力で動かせるし、適切な設備と知識があれば風力が使え、海を渡ることもできる。つまり地球上において難民化した人々は、産業革命以降の動力による乗り物がなくとも、自力ないしそれに近い形で移動することができる。また彼らが移動する先も、いかに歓迎されない異郷であろうとも、同じ空気を吸うことができ、同じではなくとも完全に異質ではない自然環境にとりまかれている。

宇宙移民については、これはありえない。地球上で戦争や飢餓に追われて難民化した人々が、自力で宇宙を目指すということは、すでに安定した宇宙システム――すでに居住者が持続可能なコミュニティを確立しているコロニー、さらにそこへの安定した交通手段――が確立していない限りは不可能である。実際問題、現代の難民でさえ、徒歩や手漕ぎボート、帆船でのみ移動するわけではなく、なけなしの財産をはたいて鉄道や動力船、あるいは飛行機を利用するし、その行先は未開のフロンティアなどではなく、すでに先住者が豊かで安全なコミュニティ――というより都市社会を確立している場所である。

難民が同時に、未踏のフロンティアを切り開く開拓民であった前例が、歴史上なかったわけではない（第二次世界大戦後、大陸中国から日本に引き揚げてきた人々の多くも、帰国後には故郷にではなく、国内の未開拓地に入植した。cf. 安岡［2014］）。しかし同じ条件は宇宙植民においては当てはまらない。地球上での植民においても、森林を切り開き、土地を開墾し、農業システムを立ち上げ――と環境改造の労苦は無視できない。家屋に田畑に、生計維持のためのシステムを確立するまでは、わずかばかりのたくわえを取り崩すしかない。しかしながら地球上では植民者たちは、水や空気までをも持っていく必要はなかった。安全に健康に生き延びるためには家屋が必要でも、ほんの短期間なら野宿することだってできた。

宇宙においてそれは通用しない。宇宙において人間は、気密性を保った人工環境から外に出ることができない。目的地に到達するまでの宇宙船だけが人工環境なのではない。着いた先でも人間は、この人工環境から降りて外に出ることはできない。宇宙服もまたれっきとした人工環境である。宇宙植民とは、人工環境としての宇宙船で目的地に到達したら、その外に出るのではなく、いわば宇宙船を拡張してより大きな人工環境、宇宙基地を拡大していく、という形をとるしかない。だからそれは高度な技術と膨大な資金を要し、綿密な長期的計画にのっとって運用されるしかないものだ。オニールのプランはあたかも宇宙のニュータウン開発のようなものだったが、着の身着のままで逃れてきた人々が宇宙に脱出するということは、すでに宇宙にコロニーが確立していない限りは、どだい無理な話なのである。

では「宇宙難民」はそもそもスペース・コロニー、宇宙社会がすでに確立していなければありえず、「難民兼開拓民」はありえないのだ、とするならば、もはやそれについて頭を悩ます必要はないのだろうか？　確立したスペース・コロニーに地球から流れ込む難民、などという現象が発生したとしても、それは本質的には今現在我々が経験している難民と本質的には何ら変わらない、ということで話を終わらせてよいのだろうか？

たとえば、公権力が強制収容所としてスペース・コロニーを作ってしまうという可能性はないのか？　快適な生活環境のことなど考慮に入れず、ぎりぎり生存可能な最低限の設備だけを作って難民や不満分子をそこにぶち込み、自分たちの生存を含めて全体のメンテナンスがそこでの強制労働となる――そのような極限的な収容所として、スペース・コロニーが建設されるおそれはないのか？　そういえばオーストラリアの出発点は大英帝国の流刑地としてだった。

これについては、現実的な――技術的、政治社会的可能性も無論考慮に入れる必要があるが、第一におさえておくべきことは、リベラルな道徳哲学、政治哲学のもとでは、そもそも強制収容所は地上であろうが宇宙であろうが原則的には是認されないはずだ、ということである。その意味ではこの問題は、リベラルな宇宙倫理学の原理的な主題としては副次的なものとならざるをえない。

ただ、決して強制収容所を作るつもりなどなくとも、結果的に意図せずしてニュータウンだったはずのコロニーが逃げ場のない収容所と化す危険は、ことの性質上無視はできない。オニール構想においては、コロニーへの移住はあくまでも自由意志に基づくものであり、その自由意志の担保、自由な選択で普通の人々がコロニー移住を選んでくれるようにする条件が、高い生活水準を可能とする生産力であった。しかしもうひとつ考えておくべきことがある。このプロジェクトは未知への挑戦であり、どうしてもリスクが伴う。となればこの場合、移住した結果大きく期待を裏切られた移民には、帰国、地球への帰還の権利が担保されていなければならないだろう。ただ問題はその権利を形式的に整備することは比較的簡単でも、実効力をもって担保することは案外難しいのではないか、ということである。具体的には、安価に安全に帰還する技術的手段が確保されていなければならない。むろん地球には大気があるので、打ち上げに比べれば降下はよりローコストで可能であろうが、相応の費用は掛かり、混雑も生じるだろう。

スペースシャトルはあまりにも高リスクであったために中止となった。今のところ使い捨てカプセルの方が安全かつ安価であるという現在の状況では、地球と軌道上のコロニーを頻繁に「シャトル（定期便）」が行き来するためには、たとえそれがうまく実現したとしても、どの程度の費用がかかるのかはまったく予想がつかない（実現すれば極めて地球と周回軌道上の人工衛星のみならず、他の惑星への極めて安価な交通手段となりうる宇宙エレベーターについては、材料科学上の問題が未解決であるため、ここでは考慮の外に置く。cf. Adler［2014=2014］、野田［2009］）。

しかしこのように実際には帰還が困難――可能ではあるが高コストであるならば、スペース・コロニーの運営がはかばかしくなくとも、少なからぬ人々は不満を抱きつつもなかなか帰還に踏み切れない、という状況が発生してしまう可能性は無視できない。この場合「帰還の権利」は政治的な取引材料となりえ、コロニー管理サイドが住民を統制する手段として運用するおそれもあるだろう。

人口問題?

しかしコロニープロジェクトの失敗・意図せざる結果を云々するならば、はるかその手前のいわば「入り口」のところで、考えておかねばならないことがある（以下理論的には Galor［2011］を参考にしている）。

遠回りだが、人類史における人口移動・植民の歴史について簡単なモデルを作ってみよう。エリック・L・ジョーンズは「経済成長」について一人当たりの生産性、ひいては平均生活水準が向上する「内包的成長」と、生産性が上昇してもそれが出生増、人口増に転化されて生活水準が向上せず、人口と全体としての経済の規模だけが拡大する「外延的成長」とを区別している（Jones［2000=2007］）。新石器革命以降の人類史はおおむね緩やかな外延的成長の時代が続いた。しかし産業革命前夜、おそらくはそれに先立つ農業革命による食糧生産の拡大が出生力の増加を、それに遅れて産業革命以降には衛生状態の改善を見て特に乳幼児死亡率の低下を引き起こした。これが「人口爆発」のイメージのもとになっている。しかしながら産業革命以降、いわゆる「家族戦略」が多産多死から少産少死へと移行する。つまりかつては乳幼児死亡率が高かったために、生活、生存の単位としての家族が存続するためには多産たらざるをえなかったが、死亡率低下でその必要がなくなった。さらに産業革命以降は教育訓練によって一人当たりの生産性を高める可能性が大きく開け、その観点からも養育投資のあり方が多産による総労働力増加とリスク分散から、少人数に集中投資する方向に転化していく。かくして、多産少死による人口爆発は、少産少死の体制が安定するまでの過渡期であり、内包的成長が本格化すれば早晩少子化に突入する、とされる。

この「多産多死」局面、「人口爆発」局面、そして「少産少死」局面のそれぞれにおいて、移民・植民のありようは異なってくることは言うまでもない。

多産多死局面は緩やかな外延的成長の時代であり、そもそも激甚な生産性の向上自体があまり起らず、技術革新のペースは極めてゆっくりであり、生産性の向上はあったとしても新しい土地や資源の発見や開拓の方が大きかったのかもしれない。おおざっぱなイメージとしては、緩やかに増える人口が、少しずつ人間の生活圏を広げていき、広がった分だけまた人口が増え、生活水準は総体としてあまり変わりない——という感じである。この時代の大規模な移民・植民はだいたいにおいて、人口希薄な土地に新たに入植していく、というものである。そもそも多産多死の時代、乳幼児の大半は成人前に死亡し、成人も様々なリスクに生涯直面し続けるなかでは、確立した定住地を離れ、未開地に入植して開拓するという選択肢は、今日の我々が考えるよりもリスキーではない。日常生活それ自体が現代の基準からすればハイリスクなのだ。ことに農業革命以前であれば農業は土地集約的であり、人々が移動するのは新たに耕せる土地を目指してのことが多かった。

多産少死の人口爆発の局面は、産業革命、つまりは都市化と重なる。農村で食い詰めた人々がかつては辺境の開拓に赴いたとしたら、産業革命以降は都市に流入し、商工業者、賃金労働者になる、というわけだ。ことに十九世紀以降の、英国以外も含めてヨーロッパ全体から大量の移民が北アメリカ大陸に流出したのは、むろんフロンティア拡大に乗じて自作農となろうとした農民たちがその重要な部分を占めるが、この時代は同時にアメリカ合衆国にとっても工業化の時代であり、少なからぬ移民たちはそちらにも吸収された。

少産少死局面に突入すると、突発的な災厄――戦争や飢饉、自然災害による難民化を除けば、大量の移民が発生する可能性は低くなっているだろう。現代における途上国から先進国への労働者の流入には「出稼ぎ」的性格が強い。彼ら彼女らを動かす論理は、工業化の時代における農村から都市への人口流入のそれとあまり変わるわけではない。ただ十九世紀までとは異なり、二十世紀後半以降の先進諸国の福祉国家化が、入国制限を強め、流入労働力を「出稼ぎ」に押しとどめて「移民」への転化を防ごうとする。

以上を踏まえるならば、多分に後知恵になってしまうがオニールの発想は、多産多死局面に引きずられすぎ、特に先進国においては七〇年代においてすでに少産少死局面に突入していたことを軽視したものであった。非常に乱暴に言えば、第一に少産少死化がグローバルに定着し、人口爆発が終了してしまえば、オニールにおけるコロニー建設のための最大の理由が消滅してしまう。これまでの歴史的経過を見る限り、途上国においても中進国化した国々の多くでは明確に少産少死化、少子高齢化が進行している。グローバルなレベルでも人口爆発には歯止めがかかりつつある。旧先進諸国は日本をはじめとして人口の絶対減に直面し、むしろ出産奨励や移民導入を含めた人口維持政策に転じつつある今、何をかいわんや、である。

第二に、仮に人口爆発がスローダウンしてきたとしても、それは「内包的成長」のせいであり、一人当たり生産力、生活水準の向上が地球環境の許容量を上回りつつあるというのであれば、オニールの危機感は今なおリアリティを失ってはいない、という考え方もありうる。しかしながらこのいわば「地球環境危機継続説」をとったところで、問題がなくなるわけではない。しかしながら、農作物をはじめとする生物資源のみならず、枯渇性の鉱物資源も、採掘技術の革新と利用効率の向上によって、二十世紀後半の「成長の限界」論において想定されたほどの近未来においては、その限界に突き当たらないであろうとの予測も近年では有力である（cf. Lomborg［2001=2003］ほか）。この、人口増加ペースのスローダウンと、資源利用効率の向上という二つの要因を考えあわせるならば、人類がその生活圏を地球外空間に大規模に求めなければならなくなる可能性は、少なくともここ一、二世紀という短期的なレベルでは、それほど大きくはならないと予想される。

むろんこのような環境危機に対する楽観論には批判もありうるだろう。しかしながら第三に、これとはまったく反対に、仮に人口爆発、環境危機が問題だとしても、そもそも正攻法の人口爆発対策としてコロニー建設は迂遠すぎる、という批判がある。これはたとえばミリガンが端的に指摘しているとおり、現状の地球上の人口増加を宇宙移民でもって相殺するためには、まさに現在の人口増加と同じペースで人々を宇宙に移民させねばならない。二十一世紀現在、鈍化したとはいえそれでも一日当たり二十万人、一年で概算七千万人のペースで人口は増え続けている。それが将来若干鈍化したとしても、毎年数千万単位の人々を宇宙に送り続け、その人々を収容するコロニーを、仮に一基百万人収容だとしても毎年数十基新たに作り続けねばならないことになる。これが将来的に技術的に不可能とは言い切れない（オニール自身は自動化によって可能、と楽観している）が、少なくとも現状、まさに人口がうまく定常化するかどうかが問われているここ一～二世紀間の「人口爆発」への対応としては、到底間に合うものではない。人口爆発と環境負荷の問題を解決・緩和するために、どうせ同じ精力をつぎ込むのであれば、スペース・コロニー開発よりもむしろ地球上における様々なプロジェクトの方がはるかに効率的であろう。たとえば、目下現実に鈍化しつつある人口増加をさらに抑制して、定常人口に持ち込むための政策的対応や、資源エネルギー節約的技術革新の促進などの方こそが（Milligan [2015]）。

しかしながら仮にオニール流に、人口増加傾向自体は所与のものとして止められない、という（非現実的な）想定をとり、この増加を続ける人口を収容する空間、この人々を扶養する生産力を確保する、というバカ正直な発想をとったとしても、スペース・コロニーよりははるかに現実的なプランがいくつか考えられるだろう。単純に、まだ地球上には利用できる土地は残っている。それらの土地が居住や農業に活用されていないのには、むろん相応の理由があるが、そこでの居住や農耕を採算がとれて持続可能なものにするための技術開発、投資は、おそらくはオニール型コロニーの建設よりははるかに安くつくはずだ。仮に人工環境に固執するとしても、たとえば海上にメガフロート（巨大人工浮島）を建設する、という構想がある。「ニュータウン」として考えるならばオニール型コロニーよりはるかに現実的だ。何しろ地上にあるから、情報や電力だけではなく、物資の交易、さらに(「出稼ぎ」まで含めれば)「通勤」、人の恒常的な行き来が問題なく可能である。

そもそもオニールのコロニー構想の前提には「人口過剰は食糧不足や資源・エネルギー不足のみならず、人間が暮らす空間、人間の生存を支える物資を生産するための空間の不足をも意味する」という想定がある。しかし農業革命から産業革命を経て、土地、空間の集約的な利用はどんどん進行している。人間が暮らすだけのことであれば、実はそれほどの空間は必要ない。だからこそ人々は都市に集中しているのだ。いずれにせよオニールのコロニー構想においても、当然ながらコロニー内に広大な田畑を作るのではなく、水耕法などを駆使して空間を効率的に利用する農業システムが想定されている。しかしながらその運用は、地上における方がはるかに容易なのだ。

むろん「そうやって絶対的に増加していく人口を収容する空間を確保できたとしても、エネルギーその他の資源の制約はクリアできない。逆にある程度クリアできたとしても、今度は環境負荷の問題がある」との反論はありうる。しかしながらこれについても無論、効率化、エネルギー・素材節約型の技術革新を推し進める方が「スペース・コロニーに過剰人口を送り出す」という解決策よりは、実は現実的なのではないか。

さらにダメ押しをするならば、すでに見たようにオニールはコロニーのエネルギー源である太陽光発電を、単に自給目的としてのみならず、地球相手の輸出産業として、それでもって貿易黒字を稼いで建設時の赤字を償却する財源として考えていた。しかしながらそれだけのことであれば、地球とのほぼリアルタイム通信が可能な軌道に置かれた発電所には、従業員たちのカンパニータウンを伴う必要はそもそもなく、現在のほとんどの実用衛星のように、基本的に無人機として、しかも有人コロニーよりもはるかに安価に運用できるのではないだろうか？　仮に有人だとしても、現在の海底油田のリグのような、「基地」レベルですむのではないか？(5)

宇宙線被曝

以上、オニール型のスペース・コロニー構想に対する私の評価は、思いのほか辛口となった。少なくともオニール自身によるセールストークを真に受けるならば、それは今となっては説得力に欠けるプランである、と言わざるをえない。上記に付け加えるならば、近年重視されているのは、大気とバン＝アレン帯の磁場によって守られている地球上と比べると、格段に強い宇宙線、放射線被曝の問題である。太陽のみならず銀河の他の星々から降り注ぐ放射線の量がバカにならないことは、観測から、そして何よりスカイラブ、ミール、そして現在のＩＳＳといった宇宙ステーションでの、宇宙飛行士たちの長年の経験から明らかになってきた。簡単に言うと、仮にＩＳＳに一年間滞在するならば、通常の人間が一生に浴びる自然放射線と同程度の放射線被曝を余計に受けることになる。むろん宇宙飛行士の一回のミッション期間はもう少し短く、せいぜい数か月であり、その短いミッションを生涯で数回程度行うにすぎないから、宇宙飛行士のこうむるリスクはたとえば放射線取扱技術者と同程度であり、職業上許容できる範囲内であると言える。しかしながら仮に現在の宇宙ステーションと同程度の放射線防護設備しかないオニール型スペース・コロニーを建設し、そのなかで生涯を送る人々がいたと考えるならば、この人々の発がんリスクは、現在の我々の放射線防護の常識から考えて、到底許容できないレベルにならざるをえない。参考までに紹介するが、火星有人ミッションの場合、二年半の航行によって、飛行士の発がんリスクを最悪の場合十パーセント程度上げてしまう、と推定されている（藤高・保田・福田［2004］ほか）。

この問題に対処するためには、もちろん、コロニーに厳重な放射線防護設備をつけるしかない。しかしながら放射線防護に対して魔法の特効薬、革命的な技術革新により画期的な新技術の救いの手は期待できない。現状で我々が知る限りの遮蔽材を利用するしかないが、鉛などの重金属でコロニー全体を覆うなどというのは、あまりにも非現実的である。

オニール構想の顕教と密教？

人口爆発への対処として、普通の人々が住む「地球の郊外ニュータウン」としてのスペース・コロニーを構想する、というものとしてオニールの構想を真に受けるならば、その公表以来四十年ほどを経た現時点での中間決算は、かなり限定的なものにしかなりえない。すなわち、それは極めて啓発的だが、その根本思想において重大な欠陥を抱えている、と。しかしながら言うまでもなくここで浮上する疑問は、果たして本当に「地球の郊外ニュータウン」のヴィジョンをオニール構想の「根本思想」と受け止めてしまってよいのかどうか、である。つまり普通の人々のためのニュータウンとしてのコロニー構想はあくまでもセールストークで、彼の本音は、まさにそれを足掛かりとしての深宇宙開発にあったのではないか、という可能性がある。先に紹介した一般向け書物でも、その後半においてオニールは、コロニー、月を足掛かりとしての小惑星、外宇宙への進出について熱っぽく語っている。

オニール自身の人口爆発、資源制約への危機感が偽物で、そのプランは全体として詐術であり、深宇宙開発への布石に過ぎなかった、とまでは言えない。しかしながらオニールの腹積もりとしては、人口爆発への対処、人類社会の生存という高次目的のための単なる手段として宇宙開発、宇宙植民があったとも言えない。やはり宇宙科学者のひとりとしてオニールには、宇宙開発、それも科学的探査を行うだけではなく、人間が実際に宇宙に進出し、活動範囲を広げていくことが、ただ単に自己の願望としてではなく、人類社会全体にとっての公的な価値のある何事かである、と思われていたのである。しかしながら彼はその自分の思想、つまり「有人宇宙ミッション、人類の宇宙進出とその生活圏の地球外への拡大には公的な価値がある」というアイディアを公衆に納得させるためには、それをそのままぶつけるだけでは足りない、と判断したからこそ、よりわかりやすい世俗的な公共的価値、すなわち人口問題、資源エネルギー問題、のちの言葉で言う「地球環境問題」への対処、を持ち出したのだ。

しかしながらここまでの検討から、それがほぼ破綻していると判断せざるをえない以上、もう少し別のルートをたどってみる必要がある。すなわち、もっと率直に、露骨に、人類の宇宙進出それ自体の価値を称揚するタイプの議論の可能性を探る必要が。

3　宇宙植民に意味はあるか？

3－1　有人宇宙ミッションの意義？

有人ミッションか無人ミッションか

　壮大すぎる机上のプランの域をいまだ出ていないスペース・コロニーからいったん離れて、現実の宇宙開発の世界に目を転じるならば、そこでは有人ミッションはごく周辺的で、人によっては「時代遅れ」と痛罵するほどである。もはや「宇宙開発」ならぬ「宇宙利用」として民間ビジネスも参入している衛星事業を見るならば、そこに有人ミッションの出番は――それこそ、有人宇宙飛行を自己目的化した「宇宙観光」以外には――基本的にはない（そして宇宙観光ビジネスは、超富裕層向けとして見れば案外と有望である。コリンズ［2013］ほか）。無人のロケットで無人の衛星が軌道上に打ち上げられ、あらかじめ組み込まれたプログラムと、必要とあらば地上からの指令によって仕事をする。メンテナンスも自動システムと地上からの遠隔操作に依存し、人の手の出る幕はない。むろんそれだけではない。科学的な宇宙探査、惑星探査の先端においても、有人ミッションの出番は果たして次にいつ来るのか、状況は不透明である。現在のところ他惑星に送り込まれる探査機は、基本的に無人である。しかしながら、ルーティン化された業務をこなすだけで、地球からの距離も近く通信時差のほとんどない、地球周回軌道上の実用衛星であればともかく、未知の環境に送り込まれ、いつ何時いかなるトラブルに見舞われるかもわからず、さらには光速度の限界に阻まれて、リアルタイムでの通信・制御ができない他惑星探査の主役が無人機であるのは、いったいなぜか？

理由は大まかに言って二つの方向から考えることができる。ひとつにはもちろん、自動化された無人システムの性能の向上である。人間と同じように思考でき、自律的に判断して臨機応変に対応できる「強いＡＩ（人工知能 Artificial Intelligence）」は日暮れて道遠しだが、それでもことに近年では、かつての論理学を実装した推論マシンの域にとどまらず、大量のデータを統計的に処理してその背後にパターンを発見していく機械学習（machine learning）の開発が進んでいる（cf. Bostrom［2014］, Shanahan［2015=2016］。二〇一六年に碁においてトッププロを打ち負かしたDeepmindの「深層学習 deep learning」を想起されたい）。わかりやすいところでは、実用化のレベルに達しつつある地上車輌の自動運転技術のことを考えてみればよい。あるいはそもそも高度なＡＩ以前に、具体的な機械工学的工夫のレベルでやれること、やるべきことの方が多いのかもしれない。

そして第二に、それでも理想を言えば、現場に生身の人間がいて、探査機を操作し、不測の事態には自ら考えてその場で対応する方がよい、とは言えよう。費用とリスクの問題を度外視するならば――である。惑星探査の主役が有人機ではなく無人機であるより大きな理由は、こちらの方にこそある。

「はやぶさ」のようなサンプルリターン、天体で採取したサンプルのデータのみならず現物を直接持ち帰る場合以外は、無人機であれば現地で採取したデータを地球に通信で送るだけの、一方通行の帰りのない旅に送り出すことができる――耐久性のある機体を送れば、定点観測機としてその後も長く使える――が、生身の人間である宇宙飛行士はそうはいかない。リベラルな道徳の命じるところでは、明確なインフォームド・コンセントがない限りは、人を生還の可能性が低い危険なプロジェクトに送り出すべきではない。生還可能性が絶無な場合にはなおのことである。

きちんと情報を与えられ、熟考した結果の明確な自発的選択として、一方通行の生還を期さないミッションに人を引き受けさせうるかどうか、については、リベラリズムの陣営のなかでも議論が分かれる可能性はある。ある種のリベラリズムにおいては「愚行権」や「自殺の権利」は「自己決定権」の一環として容認されるからである。民間の営利・娯楽目的の宇宙ミッション（宇宙観光）の場合にはこのロジックが当てはめられるだろう。しかしながら公共事業としての宇宙開発の場合は逆にそうはいかない。リベラルな公共秩序においては、「個人の生命や権利を不可逆的な形で犠牲にすることによって達成される公益」のようなものを、少なくとも緊急避難として以外には認めるわけにはいかないからだ。

生命医療倫理学、あるいは環境倫理学においてはおなじみの思考実験（というよりいくぶんかはすでに現実化している状況）について考えてみよう。たとえばある社会が、もっぱら死者からの臓器提供に依存してある臓器の移植による延命システムを確立しているとする。病気などによって移植を必要とする人々は、大体つねに一定数以上は発生する。もちろん、リベラルな常識のもとでは、そうした移植需要に合わせて意図的に臓器供給を調整することはできない。しかしそうした世界では、移植医療システムは、できる範囲で安定した移植用臓器供給が行われるような努力を払うだろう。たとえば少なくとも、できるだけ多くの人に生前の臓器提供意思表示を行ってもらうキャンペーンを張るだろう。しかしここから先はどうなるか?

すぐに思いつくのが、このキャンペーンがかなり巧妙なプロパガンダとして、社会内に移植準備への強い同調圧力を生んでしまう危険である。人々にはもちろん、自分や家族の臓器を移植に利用されない権利がある、と法制度、そして「権利」道徳のレベルではきちんと確認される一方で、社会的な雰囲気としては、そして「人格」道徳のレベルでは「提供意志表示をするのはよいことだ」という道徳的指令が定着してしまう、という可能性だ(ここで仮に「権利」道徳と「人格」道徳と呼んだものについては7―2で詳論する)。

同様の構造は医療問題においても容易に考えられる。誰でもが摂生し、必要とあらば医療サービスをも受けて、技術的にまた経済的に可能な限りで健康で長生きすることを望み、そのためにやれることは何でもする権利がある。リベラルな社会ではそうなっている。しかしながらその一方で、個人が健康で長生きしようと努力することは、マクロ的な社会全体では、地球環境に負担を与え、限られた資源の利用機会を若年世代から奪うことに帰結してしまいかねない。それを回避するために、あくまで個人ベースでは人々に健康と長寿を追求する権利を認めながらも、社会的な雰囲気のレベルではそれに対抗する同調圧力を生じさせる――端的に言えば、尊厳死、自発的安楽死を合法化し奨励する――、という政策がこっそりと、あるいは公然ととられるのであれば、それはリベラリズムの原理からの逸脱であろう（cf. 市野川［2004］［2006］）。

やや脇道にそれたが、リベラルな道徳哲学の立場からすれば、宇宙ミッションに限らず、たとえ自発的志願によるものだとしても、生還を期しがたい自殺的奉仕を個人に対して要求するようなミッションを、公的事業の不可欠の部分として組み込むことは、容認しがたい、ということはおおむね示すことができた。宇宙飛行士のみならず、より高次の？共同体レベルの目的のために、個々の人命を日常的に犠牲にするような社会は、リベラリズムとは別個の倫理、道徳原理によって支えられるか、あるいはむき出しの力ずくで支配されるしかない。

しかし宇宙飛行士を確実に生還せしめるための、往復の宇宙旅行のコスト、そして容易には解消しがたいリスクは大変なものである。単純に計算するならば、宇宙船は地球からロケットで打ち上げ、さらに目標への軌道に乗るまでに一定の燃料剤と推進剤を必要とするが、問題は目的地に到達する際も、打ち上げ時の加速を相殺する、減速プロセスにおいて燃料を必要とする、ということである。これは有人であろうと無人であろうと、パイオニアやボイジャーのようなフライバイ（目標の近くを通過しながら情報を収集する）ではなく、地表への着陸を行うならば必要になるプロセスである。問題はそれが加速と減速で二倍、というわけではないことである。もっと必要なのだ。簡単に言えば二乗倍になる。以下のような考え方だ。

ロケットの打ち上げ、宇宙船の航行に際しては、本体と乗組員などの、目標に運ぶ本体、積荷の質量（ペイロード）と、燃料・推進剤の質量＋ペイロードの比率、いわゆる質量比で物事を考えるのが基本である。ここで単純に質量比を三、つまり目的の天体に到達するために、ペイロードの二倍の燃料が必要だとしよう（これは火星ミッションを念頭に置いた数字である。ただし地球周回軌道から火星軌道へと送り出すためだけのものである。地球上から宇宙に打ち出す際の質量比はもっと高く、ざっと二十である。cf. Adler［2014=2014］）。ただしこれは目標に到達できる軌道に乗るための加速のための燃料であり、軌道到達後目標に着陸するためには、また同じことの繰り返しだ。単純化のために、この減速のために必要な質量比も同じく三であるとしよう。これで六倍――なのではない。逆算して考えてみよう。目標に到達し着陸する際に、宇宙船本体質量の二倍の燃料・推進剤を消費してしまう。しかしこの二倍の燃料・推進剤を、目標への軌道に乗せるまでに、まったく消費せずに運ばねばならず、またそのために燃料・推進剤が必要となるのだ。つまり質量比は単純計算で三倍の三倍、九倍（燃料・推進剤の質量は本体の九－一＝八倍）である。無人ミッションでもこうなのだ。有人ミッションの場合にはこれをもう一回繰り返す。ということは九倍の九倍、つまり質量比は八十一になってしまう。フライバイに必要な質量比が三で燃料・推進剤は本体質量の二倍、帰還の必要がない無人機の着陸に必要な質量比が九で燃料・推進剤は本体質量の八倍であるから、有人の火星ミッションはフライバイに比べてざっと四十倍、無人機着陸ミッションに比べても十倍の燃料・推進剤が必要となる、という勘定だ。

これに加えて、乗組員たちの生命維持に必要なシステムと物資、乗組員をはじめ後方支援まで含めた人員の訓練の費用も膨大となり、燃料・推進剤の費用を凌駕するかもしれない。

さらに、燃料・推進剤や生命維持物資の運搬の問題に加えて、宇宙船の生命維持、飛行士たちの生存・健康維持システムの問題がある。仮にすべてを消耗すると考えるならば、月まではともかく火星、小惑星以遠の深宇宙までのミッションを考えると、空気、水、食料等膨大な物資の積載が必要となり、それがまたさらに燃料、推進剤の量を倍加する。この問題を回避ないし軽減するには、持続的に運営されるコロニーとは異なり有限の時間で終わる宇宙飛行であっても、年単位を要する他惑星への有人ミッションにおいては、コロニーが必要とするのと基本的に同じような機能の循環システム――船外から取り込みまた船外に排出するのは光・熱などの形でのエネルギーだけで、物質は船内で完全に循環させる――を備えておく必要がある。さらにここに、宇宙線、放射線防護の問題も積み重なる。

このように有人宇宙ミッションには、そのメリットに比べたときに膨大なコストがかかるのに対して、無人の探査機を送り込むことは、人間に比べてその場での融通が利きにくいというデメリットはあるものの、圧倒的にローコストですむ。それゆえ現在の科学的探査の主役は圧倒的に無人機である。近い将来展望されている木星、土星の衛星、液体の水の海洋の存在が予想され、生命の存在可能性まで期待されているエウロパや、メタンの海を持つとされるタイタンなどへの探査も、現在のところは高度なＡＩを備えた無人機を主役として想定されている。いわんや、比較的ルーティン的な業務を、地上からのほぼリアルタイムでのモニターも可能な状況でこなす、地球周回軌道の衛星を主役とする商業利用の場合をや。

宇宙観光の可能性――娯楽としての有人宇宙ミッション

かように、科学的探査においても有人ミッションには当面出番がないのだとすれば、大規模な有人宇宙ミッションの可能性は、どこにあるだろうか? おそらくはもはやそれは「ある目的を達成するための手法として、有人ミッションが適切である」という形ではもはや論じられず、「人間を宇宙に送り込む、生身の人間が実際に宇宙に行く」ことを自己目的化するということのなかにしか有人宇宙ミッションの可能性は残されていないのではないか?――もしそうだとしたら、リベラリズムの道徳哲学をとりあえずの参照枠組みとして議論を出発させた私が次に考えるべきことは、一体何だろうか?

ひとつの、非常にわかりやすくも陳腐な議論の持っていき方は「これからの有人宇宙ミッションの最大の可能性は、娯楽、つまりは宇宙観光にこそある」という風に論を建てることである。いや実際、現実はこの方向で動いている。民間宇宙ビジネスの前線は、ひとつには今なおロケット打ち上げについては公的機関を頼らざるをえない現状を突破して、民間の営利企業の手によって、採算が十分にとれる形でロケット打ち上げシステムを確立すること、であるが、いまひとつは、今のところ世界レベルの億万長者以外の顧客が期待できてないものの、将来的にはひょっとしたらエヴェレスト観光登山程度のポピュラリティを獲得するかもしれない宇宙観光である。「自由意思で宇宙に行きたいという人々が、自ら費用とリスクを負担して宇宙に赴く」というその非常にシンプルなあり方には、二の句が継げない。

この方向性はすでにある程度既定事実であり（コリンズ［2013］ほか）、私としてもそれに対して文句があろうはずはない。高所登山と同じく、そもそもそこに出かける準備、訓練自体に膨大なコストがかかる極めて特異な「観光」なのであるから「金持ちに宇宙を独占させるな！　宇宙観光を大衆に！」などというアジテーションに意味はあるまい。まさにジョン・スチュアート・ミル的な「愚行権」「他者危害の原則」の世界である（cf. Mill［1859=1971］）。

問いの方向を逆転する

リベラリズムの道徳哲学というものは、基本的に保守的なスタンスをとる。すなわちそれは「あるがままの人間存在のありよう」を尊重する立場である。

リベラリズムは「自由主義」と訳され、確かに自由（liberty）を大切にしようとする立場であるが、そもそもこの自由とはなんだろうか？　このような政治的、社会的な意味における「自由」とは、意図的行為の自由のことである、と普通は解されているが、本当はそのさらに基層に「存在の自由」とでも言うべきものがあることを我々は理解しておかねばならない。自由主義が尊重し、干渉を控える相手は単に個々の具体的な行為にとどまらず、行為の主体である人間の存在のあり方、気質、価値観、趣味嗜好等々にまで遡る。暴力や殺戮、他人を傷つけることへの欲望でさえ、それ自体としては否定しない。ただそれが現実の暴力や抑圧、殺戮を結果として引き起こすことを拒絶するのみである。

私がここまで「現状ならびにそこから展望される範囲での未来について、宇宙植民はむろん、そこまで到底たどり着かない範囲のものであろうと、有人宇宙ミッション、生身の人間の宇宙進出にはあまり展望がないだろう。とりわけリベラリズムの道徳哲学と両立する範囲で、人々が国家権力などの他者によって宇宙に行くことを強制されず、あくまでも自由意思に基づき、行きたい人だけが宇宙に行こうとするだけである、と想定するならば」と論じてきたときに、まさにこのような前提に立っていたことはおわかりいただけると思う。しかしこの議論には、果たして抜け道はないのだろうか？

しつこいようだがここまで私は「コストとリスク、そこから得られるリターンのことを考えれば、好き好んで宇宙に行こうとするやつはそんなにいないし、そう強制することもできない」と論じてきた。その際もちろん「物理学の基本的法則は不変のままであるし、それに拘束されて宇宙航行技術の革命的激変なども期待しない（超光速航行やワープは実現しないと想定する）」という前提を暗黙裡に置いてきた[1]。この前提を外すこと――娯楽としてのSFはまさにこの前提を外すことで娯楽として成功してきたが――にさしたる意味はないだろう。革命的技術変化があれば、コストとリスク、リターンの構造は変わりうる。しかし我々の物理学の知識が間違っていない限り、どれほど技術が進歩しようとも、新幹線で東京から大阪まで行くような気安さで、地球から火星に生身の人間が旅行することなど、未来永劫決してできない、と断言してよいだろう。地球やほかの惑星の環境は、自然の経過はもちろん人間による介入によって変化しうるし、人間の使う技術も変化していく。しかし物理法則それ自体は変わらず、その限界の範囲内で起こりうることと起りえないこと、できることとできないことというものがある。

しかし、変わりうるものはそうした環境や技術だけではない。実は人間性、人間のメンタリティ、価値観、趣味嗜好、そして能力の方も、歴史の変遷のなかで変化していく。リベラリズムが拒むのは、強権によって人間性を意図的かつ強制的に変えてしまうこと、であって、自然な成り行きのなかで事実として変化してしまうことまでを拒絶しはしない。個人個人が自己のリスク負担において、自己責任で自己の性質を変化させていくことは原則的に許容されているのだから、そうした個別の、ミクロ的な人間改造の結果として、集団的なレベルにおいても人間性に何ほどの変化が起きてしまうことも、仮に無際限に許容されないまでも、頭から禁じられることはない。——むしろそうした変化までをも受容してしまうことまで含めて、「あるがままの人間存在のありよう」の受容である。となれば、以下のように問うてみることができる——「我々の現在においては、好き好んで宇宙に行こうとするやつは少数派だが、いつまでもそうか？　自発的に宇宙に行くことを目指す人々が社会のなかで無視できないほど多くなり、それが公的な問題を引き起こすようになる——当然、リベラルな政治秩序も、まさにそうした人々の「自由」を尊重するがゆえに、公共政策の課題として、有人宇宙ミッションについて真剣に考えなければならなくなる、そんな可能性は皆無なのか？」と。

つまりは問いの方向をある意味で逆転するわけだ。ここまでは「リベラルな道徳や政治秩序が許容する（有人）宇宙開発とはどのようなものか？」と問いかけてきたが、そこには実は、あまりにも多くの前提が置かれている――つまるところは筆者が生きている二十一世紀初頭の時代状況が、そこにおける人々の欲望の形が、暗黙の前提とされている。そしてその結果、「現代人は有人宇宙ミッションにあまり多くを望まないよ」という結論が出てきた。しかしこれから私は、問いの方向を逆転してみる。「リベラルな道徳や政治秩序が許容する（有人）宇宙開発とはどのようなものか？」という問いかけにおいて、二十一世紀初頭の我々の欲望の形が前提とされていたのだから、こんどは「リベラルな道徳や政治秩序が維持されているにもかかわらず、有人宇宙開発、宇宙植民が無視しがたい規模で行われているような社会があるとしたら、それはどのような社会であり、そこにおいて人々はどのような欲望を抱えて生きていることになるのか？」と問いかけてみたい。

3－2　野田篤司の小惑星

小惑星を掘り抜くということ

その際まず手がかりとして、ＪＡＸＡのエンジニアである野田篤司による宇宙植民構想（野田［2009］ほか）を検討してみたい。野田のプランのポイントは、スペース・コロニーを最初から地球周回軌道にではなく小惑星に作ることだ。すなわち、材料を地球や月から重力井戸に逆らって運び上げないのはもちろん、小惑星から地球近傍へと運び込む（あるいは小惑星を丸ごと移送する）のでもない。自然の軌道をたどっている小惑星をそのまま、掘り抜いてコロニーとして利用する、というものだ。

実際に素材とする小惑星について、重金属が豊富なものを選ぶか、あるいは生命維持システムの素材となる、水や有機物を採取できるものを選ぶかについてはこの際おいておこう。一見したところその構想はオニールのそれと大差ないようであるが、以下に見るように、結果的には大きな違いが浮上してくる。

このプランの最大のメリットは、言うまでもなく輸送コストの大幅な削減により、全体としての建設コストが格段に安くなると予想されることにある。もちろん、オニールタイプのものではなく、小惑星直掘り型のコロニーを地球周回軌道上に建設することも理論的には可能だが、言うまでもなく小惑星を運搬するコストの問題は残る。素材となる小惑星を本来の軌道に置いたままでコロニー化するという手法のもたらすコスト節約効果は、おそらく、植民者が移動しなければならない距離の増大と、それによる旅行コストの増大（燃料・推進剤よりも時間そのものと生命維持コストの増大の比率が高くなると思われる）を相殺して余りあるだろう。第二に、小惑星本体を掘り抜きその内部にコロニー居住区を作ることにより、宇宙線の遮蔽の問題を解決する。地球近傍の場合と比べて、採算がとれる可能性は格段に上がるだろう。初期における学術主導での探査の段階を超えたあとの本格的コロニー開発は、場合によっては最初から民間主導での開発さえ可能となるかもしれない。

ではデメリットは？　それは何よりも地球との距離の大きさにある。

むろんすでに見たように、スペース・コロニーはたとえ地球近傍に配置したとしても、生活物資についてては自給自足を基本とせざるをえない。重力井戸の底にある地球や月に物資を依存することはさほど期待できない。それゆえ、物資の輸送に関しては地球周回軌道と小惑星とでは、もちろん後者が不利だとはいえ、その差は決定的なものとは言い切れない。仮に地球から物資を輸送しなければならないとすれば、地球周回軌道に比べて小惑星は致命的に不利である（ただし燃料についてはそうとも限らない——地球近傍のコロニーへの往復の場合、地球からは燃料・推進剤を往復分積載しなければならないが、小惑星コロニーの場合、水・有機物を豊富に含有するタイプの小惑星を利用していれば、燃料・推進剤を自給できる可能性が高い）が、そもそもそのようなものに恒常的に依存するわけにはいかないので、さほど重要な意味を持たないかもしれない。

では逆に、コロニーから地球に対してなにがしかの輸出を行う利益は見込めるだろうか？　以下、知的財産についてはカッコにくくり、あくまでも物資・エネルギーについてのみ検討する。

地球から遠く、また地球近傍ではなく小惑星帯の場合には太陽からも遠い小惑星コロニーの場合には、地球周回軌道の場合とは異なり、太陽光発電を輸出産業にできる見込みはほとんどない。ただもちろん当の小惑星の鉱物資源を、現地でのコロニー建設の資材として活用するだけではなく、地球へと輸出するという選択肢は技術的にはありうる。射出するためには電力を利用し、リニアモーターの原理で物体を射出するマスドライバー（このシステムについてもオニールはアイディアを練り上げ、実験機も製作している。これを兵器として活用するといわゆるレールガンになる。簡単な解説として永瀬［2001］）で推進させ、減速、停止は（やはりオニールが考案した）マスキャッチャーを利用する。当然ながらこれはシステムの立ち上げが大変だが、いったん確立して定期便が運航されるようになれば、単価はある程度低下するであろう。

問題は、マスドライバー／キャッチャー定期便の単価が十分に低下するほどの、小惑星鉱物資源への大口需要が、地球周辺において存在するのかどうか、である。これればかりは具体的な予想は困難であるが、生身の人間を安全に降下させるのに比べれば低コストですむであろうとはいえ、地球の重力井戸の底に物資を運ぶコストは相応のものとなるだろうから、一部の希少金属以外には、地球上の鉱山、ならびに使用済み資源のリサイクルと競争できる見込みは少ない。いっそ地球周回軌道のオニール型コロニー建設の素材としての需要の方が、まだしも有望であろう。

さらにもちろん人の移動については、話はもっと大変である。日～週単位ですむ地球周回軌道との往来とは異なり、地球から小惑星への移動は、地球近傍であっても月単位、小惑星帯であれば年単位の時間を要するため、仮に先述のマスドライバー／キャッチャーのシステムを利用して燃料・推進剤を節約できたとしても、航行中の生存維持に要する物資、さらには宇宙線防護の問題があって大変に高価につく。

ことによっては物資・人員の直接の輸送と同じかそれ以上に問題となるのは、通信である。月程度の距離であれば、通信による時差はせいぜい秒単位であり、生身の人間にとってはさほど違和感を覚えることなくリアルタイム通信ができるし、ある程度であれば機械の遠隔操作さえ可能であるが、小惑星の場合にはそうはいかない。火星－木星中間の小惑星帯の場合はもちろん、地球近傍小惑星の場合でも、光速度での通信に少なくとも分単位の時差を伴う。これだけの時差はリアルタイム通信を不可能にし、通信を基本的にはパッケージ化されたメッセージのやり取り――いわばインターネットはおろか電話以前の時代、手紙主体の時代へと逆戻りさせることになる。

オニール型との比較

ここで整理してみよう。前章でのオニール構想までをも含めてのここまでの検討からは、スペース・コロニー建設に関する大雑把に言って三つの方向性が浮かび上がってくる。第一に、地球周回軌道上（地球－月系のラグランジュポイント）に、月ないし小惑星から輸送してきた資源を用いてオニール型コロニー（人工天体）を建造する、というプラン。第二に、既存の小惑星を本来の軌道上に置いたまま、小惑星をくりぬいてその内部にコロニーを建設するというプラン。そして第三に、小惑星を丸ごと地球周回軌道に移送して内部をコロニー化する、というプラン（小惑星軌道上にわざわざオニール型コロニーを建設する、というプランは検討の対象とはしない）。次頁の図を見ながら簡単に比較してみよう。

こうして見たとき、地球周回軌道上の小惑星掘り抜き型の優位性が目立つように見えるが、このプランの最大の問題は、コロニーの素材にできるほど十分に巨大な小惑星を、ほぼ原形のままで地球周回軌道まで輸送する、という巨大プロジェクトがその前段階として控えている、ということである。仮に輸送せねばならない総質量が同じだとしても、オニール型コロニーの建材として送る場合には、細かく砕いてマスドライバーで送り出せるのに対して、掘り抜き型コロニーの素材とするためには小惑星丸ごとをそのままで送り出すことになる。つまり総体を輸送するためのエネルギーは同じだとし

	オニール型コロニー	小惑星掘り抜き（自然軌道）	小惑星掘り抜き（地球周回軌道）
資材輸送コスト	高	低	高？
人員輸送コスト	低	高	低
宇宙線防護コスト	高	低	低
太陽光発電	高出力 地球への輸出可	低出力 地球への輸出不可	高出力 地球への輸出可
小惑星鉱山	利用不可能（むしろそれに依存？）	利用可能（地球圏への輸送コスト高）	利用可能（地球圏への輸送コスト高）
リアルタイム通信	可	不可	可

ても、一時に大質量を加速させるための、大出力のエンジンが必要となる。またマスドライバー／キャッチャーシステムによって推進剤を必要としない破片輸送と異なり、小惑星丸ごと移動の際のエンジンは、動力源を太陽光発電で得られたとしても、推進剤を必要とする。最も適当な推進剤は当の小惑星の一部を粉砕して放出することになるだろう。そう考えると、資材輸送に要する総コストについては、オニール型の場合を上回るおそれがある。(2)

また小惑星鉱山の利用可能性についても、先述のとおり、わざわざ地球にまで落としてでも採算がとれる可能性があるのは一部の希少元素だけであるとすれば、地球周回軌道まで持ってきた小惑星鉱山と、自然軌道のままのそれとの間では、さほど大きな差がつかないおそれがある。後者においては、小惑星自体は元の軌道に残し、商品価値が見込める希少元素だけを輸送すればよいのに対して、前者においては小惑星丸ごとを輸送するのに余計なコストがかかってしまっていることになる。

さらにいま一度確認すれば、輸出産業としての太陽光発電についても、自然軌道の小惑星コロニーと地球周回軌道上のそれとでは圧倒的に後者が優位であるとはいえ、コロニーの太陽光発電にとっての真の競争上の脅威は言うまでもなく、無人ないし省力型の太陽光発電衛星である。そう考えるならばスペース・コロニーはやはり、大量の消費物資・エネルギーについては輸出にも輸入にも頼らず自給自足を志向し、貿易するにしても一部の高付加価値商品——ある種の希少元素、そしてなにより独自に開発した新技術、あるいは文化商品（芸術・娯楽コンテンツ）、つまり知的財産権そのもの——以外はあてにすべきではない、ということになる。

ここまで考えるならば、まずオニール型コロニーは建造コスト、宇宙線防護コストの点で高くつきすぎて、持続的な生活拠点としては現実的ではない。では残る可能性は小惑星掘り抜き型であるとして、地球周回軌道上に移送すべきか、自然な軌道上に置いたままにするか、という選択肢があらためて浮上する。とすると、太陽光発電や鉱物資源の輸出可能性を重視するならば、地球周回軌道のコロニーが優位となる可能性もあるが、物資・エネルギーの自給自足を基本とするならばこの優位性は消失し、建造コスト面では自然軌道のコロニーが優位ということになる。野田篤司は輸送コストを重視して、自然軌道上のコロニーに軍配を上げている（野田［2009］）。

野田型コロニー構想の人類史的意義？

しかしながら、仮に野田の主張するとおり、地球外宇宙空間における、人類の持続可能な生活拠点として最も実現可能性が高いのが、軌道上の小惑星をそのまま掘り抜いてスペース・コロニーとする、というプランだったとしよう。そのことの文明史的な、そして倫理学的な含意は何だろうか？

　やや大げさに言えば、人類史はいわゆる有史以前、文字や都市といった「文明」の成立以前には、基本的には地理的な放散、分散の時代であった。文明の成立以前から、人々は主として徒歩で、全地球に広がっていったのである。それに対して「文明」の出現以降は基本的には逆のベクトルがはたらいている。西洋をはじめとする大文明による帝国主義的進出においても、そのほとんどの場合に、たどり着いた先には「先住民」がいた。帝国主義的植民は有史以前の植民?とは異なり、まったく人跡未踏の土地に新しく人類を到達させるというより、有史以前の大放散の結果、互いに孤立していた人間集団を、より巨大な人間集団へと再統合するプロセスとして理解できる。この傾向は産業革命以降、人口の大々的な都市への集中の開始によってより明確となった。二十世紀以降、国家レベルでの移民規制が本格化してからも、情報と物資の移動、そして人についても、国を上限とする範囲内での短・中距離移動であれば、また国家間レベルでも、恒久的な移民とは呼べない一時的・可逆的な移動であれば、その密度は高くなるばかりであり、その果てに今日の「グローバル社会」、誰もが日常生活に必要な物資を世界市場に依存し、世界中とリアルタイムコミュニケーションがとれる時代、がある。オニール的な構想、まずは地球周回軌道から、いわば地球の郊外ニュータウンとしてコロニーを建設する、というプロジェクトでさえ、この傾向からはっきりと断絶したものではない。

　これに対して野田の構想するような、小惑星コロニーを拠点とした宇宙進出の本格化は、仮に本格的に実現したとすれば、ここで見たような人類史的傾向に対して、久方ぶりに逆のベクトルが作用し始めることを意味する。現在「グローバル化によって人類社会が均質化の方向に進みつつあるのではないか?」との懸念がしばしばささやかれるが、こうした小惑星コロニーへの植民が本格化すれば、人類社会における文化の多様性は再び増大することになるだろう。しかし問題はそれだけではない。そうした宇宙植民のプロセスは、ひとつの拠点が確保されるだけにも短くて数十年程度の時間を必要とし、百年単位の時間を重ねて展開していくものにならざるをえない。そしてそのようななかで起こりうる人類の多様化とは、おそらくは文化や制度レベルにとどまることはない。生物学的な身体レベルでの多様化が、地球上における従来のそれ以上に、比較的短期間のうちに進むおそれがある。

基本的には他惑星上の基地とは異なり、重力をも含めて地球上の生活環境を人為的に再現する人工環境を備えるものになるとはいえ、スペース・コロニーの生活環境はどうしても自然な地球のそれとは異なっていかざるをえない。そうしたコロニーでのコミュニティを維持するためには、コロニーの人工環境を極力地球に近いものへと整備するだけではなく、そこに暮らす人々の方が、不十分にしか地球に近くはないコロニーの環境に適応していくこともまた必要となるだろう。つまりコロニー定住者たちは、地球上の人々に比べると、宇宙生活に合わせて自分たちの身体を人為的に改造していく——遺伝子操作という手法をとるにせよ、サイボーグ化によるにせよ——可能性が高くなるだろう。いやたとえ意図的にそうせず、地球的「自然」に固執したとしても、不可避的に変わっていかざるをえまい。たとえば、腸内フローラをはじめとする人体常在菌たちについて考えてみよう。それらは人間のコントロールを超えて勝手にコロニー環境に適応し、自然に進化していくことは不可避であろうから、仮にそれらを人体の一部とみなすならば、宇宙に進出した人間の生物学的変容は、たとえサイボーグ化や遺伝子改造を行わなくとも、どのみち避けがたい。そうした状況が数百年も続けば、宇宙に暮らす人々と地球の人々とは、文化的にのみならず身体的にも互いに相当に異なった存在となってしまう可能性がある。

この、人類文明の多様化の可能性は、実はオニールにおいても十分自覚され、歓迎されてさえいたが、それでもオニールの構想のなかではまず地球近傍から段々に遠く、という線形の順序が想定されていた分、その可能性の提示が与える衝撃は緩和されていた。しかし野田の場合は「まず小惑星から」なのである。「距離的、心理的、社会的に徐々に地球とその文明から遠ざかっていく」というマイルドな移行をこのヴィジョンは許さない。

野田型構想への動機の調達？

さてそれでは、このようなプランの正当化、あるいは動機の調達について野田はどう考えているのか？　そこのところは実はあまりはっきりしない。野田自身の記述に即して見るならば、そこにはオニールほどの切迫した危機感はないものの、「長期的には地球という物理的に閉じた系に閉じ込められたままでは、人類とその文明に先はない」という程度のぼんやりした認識はある。より積極的には、あまりに危険で地球上では到底できないような科学研究が挙げられている――たとえば、地球上ではレンズが重力で圧潰するため製作自体が不可能な口径の超巨大光学望遠鏡や、超巨大加速器を用いての核融合実験、さらには反物質生成実験などが考えられる――ものの、果たしてその設営にあたって恒久的大規模コロニーが必要なのか、南極観測基地のように、一時滞在型の基地やロボット任せの無人化施設ではだめなのか？という疑問が浮上する。しかしそのようにぼんやりした認識にとどまっている限りでは、技術的な可能性の検討に終わってしまい、社会経済的なプランニングとしては内実あるものになりえない。そこでもう少し突き詰めてみよう。

すでに論じてきたように、経済成長を主として人口成長による「外延的成長」と、一人当たり生産性、生活水準の向上による「内包的成長」とに分けて考えるならば、移民、植民はどちらかというと前者、外延的成長と縁の深い現象である。単位面積当たりの収穫が頭打ちになった状況に直面した人々が、新しい土地を求めて移動する、というのがよく見られるパターンである。この場合、人口増は人間の生活空間の拡大に直結する。これに対して産業革命以降目立つのは都市への人口集中、土地利用の効率化と農外就業の拡大である。

ひとつ目の問題は、ここに見たような傾向が行き詰まり、あるいは逆転する可能性が将来ありうるのか、また逆転したとして、新たな資源を求めてのフロンティアが宇宙、具体的には小惑星に求められるのかどうか、である。地球上の利用可能な資源が、鉱物資源や化石燃料であれ、あるいは水や空気であれ、長期的には枯渇してしまうだろう、という直観はなかなかに強力である。しかし他方でそうした資源の利用の効率化もまた進められており、さらには人口増加そのものに歯止めがかかりつつある、という展望もある。衛星軌道の太陽光発電程度であればともかく、小惑星鉱山に金属資源や水・有機物を求めなければ存続できないような局面に人類社会が落ち込むかどうか、仮にそうなったとしても、そうした小惑星鉱山が単なる採掘基地の域を超えた自律的コミュニティとして確立し、地球とは隔絶した別の人類社会を新たに形成するほどのものになりうるかどうか、は一概には言えないだろう。

月や地球近傍をすっ飛ばして、いきなり小惑星を目指す野田のプランは、見かけはひどく過激である。しかしその過激な印象は、そうした小惑星の拠点がスペース・コロニー、持続可能な大規模基地、というより人工都市、人々がそこで普通の生活を送り、世代交代していく共同体として構想されているがゆえのものである。それはある種鉱山町のようなものだ。しかしながら、それがせいぜい海底油田のリグとか南極観測基地程度のもの――現在のＩＳＳの延長線上の、ミッションスペシャリストの駐在基地以上のものにはならない、あるいは現在の実用衛星同様の完全無人化基地ですんでしまう可能性まで考慮に入れるならば、その印象の過激さは急激にしぼむ。

となれば、第二に考えなければならないのは、より強い別の動機――生存の必要、そこまでいかなくとも、普通の人々の快適な生活の維持のために、ではない、それとはまた別個の目的による宇宙開発が、それこそ野田が考えるような大規模拠点を必要とする形で行われうるかどうか、であろう。つまり人々が資源や生活空間を求める以外の理由による大々的な有人宇宙ミッションの必要を認め、公共政策におけるそれを支持し、それどころか民間の事業体が自主的に乗り出していく可能性が、果たしてあるのか？である。

しかしながらリベラリズムの倫理学は、このような考察を二重三重の意味で不得手とする。第一にすでに述べたように、そもそもリベラリズムの立場をとろうがとるまいが、このようなミドルレンジの射程における具体的な未来予測は極めて困難であり、未来社会における人々の価値観や欲望の具体的な形についてあれこれ空想をめぐらすのはともかく、責任を持った予測を立てようなどということ自体がそもそも無責任である。そして第二に、リベラルな立場からするならば、そうした予想は単に不得手とか困難とかいうより、仮にできたとしてもあまりするべきではないし、その結果について公言すべきでもない。ましてや、予想の方向へと現実を誘導しようとすべきではない。そもそも誘導をする意図がなくとも、公言してしまうこと自体が結果的にそのような意味を持ってしまうこともある。

むしろリベラルな立場から問うてみるべきは、以下のようなことである——わざわざインターネットによるリアルタイム通信による密接な統合社会——通信ネットワークを現在の「電話線」（無線や光ファイバーを含む、つまり身体の外部のデバイス）から、むしろ「神経」（身体の一部）として人々が感じるような世界——を忌避して、地球からあえて距離を置いた空間に、新たなコミュニティを築き、そこにおいて独自の文化や技術のみならず、独自の身体性をも獲得していこうという植民者たちを生むような社会とは、どのような社会だろうか？と。これは具体的に「そうした宇宙植民者たちは何を好き好んでそんなことをするのか、地球から離れた小惑星コロニーで何を作ろうとするのか？」を問うのとは少しレベルの違う問いである。そもそもそうやって地球ないしはその近傍のリアルタイム統合社会から距離を置いて自律性を確保した人々が、では具体的に何をなすのか、は多様だろう。そのような具体的コミュニティ構想についてここでは想像をめぐらしたいのではない。そうではなく、「おそらく地球圏では緊密な統合情報社会を作り上げるその一方で、そう望む人々にはそこから距離を置いて宇宙に独自のコミュニティを作ることを許す、それどころか奨励するような社会とは、いったいどのようなものなのか？」と考えてみたいのである。(3)

そのような社会は、おそらくはリベラリズムの原則とは背反しない。それどころか多様なコミュニティの共存を奨励する限りにおいて、それは極めて積極的なリベラリズムの具現でさえある。しかしながらその一方で、そのような社会は二十一世紀初頭における我々の知るリベラリズムとは矛盾しないまでも、そこから自然に導き出されるとも思えない。私の考察は、むしろ現在の我々のリベラルな社会は、人類の宇宙進出を、禁止することはない（その意味で消極的に許容はする）だろうが、積極的に奨励することもまたないだろう、というものであった。だが先にも確認したように、そうした推論は当然のことながら、現在の我々の欲望の形、現在の我々の存在のありようを前提としている。

しかしながら、仮に小惑星コロニーのような、たとえ地球を模した人工環境を実装したとしても、それでもなお現在の自然な地球環境とは相当に異なるものになるであろう状況においては、人々はそこに適応するために、変容していくだろう――むろん自然な生物学的進化のメカニズムはあてにできないほどそこは異質であるし、そのスピードではそもそも間に合うはずもないので、人為的な技術を利用して自らを改造していくだろう、と私は予想した。しかしこのような予想も、むしろかえってこのタイプの宇宙植民のハードルの高さを増すことになるだろう。「新天地で新たな社会を築きたい」

ならまだしも「新天地で別の生き物になりたい」とまで欲する人々が、果たしてどれくらいいるのだろうか？

――だがここで、逆に以下のように考えてみることができる。すなわち、宇宙に進出するまでもなく、地球（とその近傍）において生活しながらも、自分たちの選択で、自分たちのコミュニティや社会制度のみならず、自分たちの身体自体を作り変えている人々が、すでに一定以上存在している社会というものが成り立っていたらどうだろうか？と。そのような社会においては、身体改造を伴う宇宙進出への、人々の心理的ハードルは、著しく低くなっているのではないだろうか？

このような社会のありようを、近年のＳＦ、あるいはＡＩの方でちょっとしたバズワードとなりつつある「シンギュラリティ（singularity）」（論者によってまったくまちまちな意味で用いられていて困り者だが、大体において「ＡＩが人間の知性を凌駕する臨界点」くらいのイメージである）論議をも意識しつつ仮に「ポストヒューマン（posthuman）」状況と呼ぶならば、本格的な宇宙植民は人間のサイボーグ化や、あるいはあとで見るように自律型知能ロボットなど、ポストヒューマン・テクノロジーを前提としているということになる。(4) しかしながらここでのポイントは、宇宙植民が、このようなポストヒューマン・テクノロジーの発展を必要とするからといって、宇宙植民事業それ自体が、ポストヒューマン・テクノロジーの発展を促す大口需要となりうるかどうかは、定かではない、ということだ。むしろその反対に、宇宙植民とは独立に、それとは別の理由で、ポストヒューマン・テクノロジーがすでにある程度発展している社会においてなら、宇宙植民の本格的展開にもチャンスがある、と言いたいのである。むろん問題は、では具体的には何が、どのようなニーズがそれをもたらすのか、であるが。

問いの方向の逆転、再び

復習を兼ねてここまでの議論を、新たな論点も加えつつ整理してみよう。

大規模な有人宇宙ミッション、ひいては宇宙植民は、全人類社会レベルの生存上の必要やあるいは公共の福祉に大いに貢献するとは言いがたいので、仮にそのような活動が実現するとしても、それは（オニール構想の場合の人口爆発・資源不足への対処のような）他の目的、利益の実現のための手段としてではなく、それ自体、宇宙植民それ自体を自己目的化することによってではないと考えにくい。しかしながらリベラルな道徳、政治秩序のもとでは、そうした目的を人々に押し付けて公共的課題とすることはできない。とすればそうした事業は、あくまでもそうした宇宙植民事業に、自分たちにとっての価値を見出した人々の、自主的な営為として営まれるほかはない。すなわち、現在のところ特権的な大金持ちの娯楽でしかない宇宙観光が、高所登山その他のエクストリームスポーツ程度のポピュラリティを獲得したようなものとして想像するのが順当である。

だとしても、そうした宇宙植民の主要舞台が月などではなく小惑星――地球近傍小惑星でさえ月よりけた違いに地球から遠く、火星以遠の小惑星帯ならなおさら――だとすると、現状の宇宙観光とは次元を異にする問題が浮上してくるであろうこともまた確かである。

短期間での往復が可能である地球上での登山などとは異なり、小惑星への航行は数年単位の過酷なものとなる。さらに定住可能なコロニーを小惑星で建設していくとなれば、それは気軽に地球と往復できるようなものではなく、ほぼ一方通行となるだろう。そして人々が小惑星現地に定住して、事業を継続すべくそこで世代的に再生産していくとなれば、そうやって生まれた植民地生まれの第二世代以降については、「愚行権」の延長の自己決定の論理は適用できない。無論この論点はかつてのとりわけ産業革命（それは交通革命でもあった）以前の地球上での移民・植民にも多少は当てはまるが、いかんせんその時代は移民・植民という選択肢の賭け金は今より低い――命の値段が安い、普通の人々にとっても故郷にとどまったところで、それほどいい目が見られるわけでもない――時代であった。しかし地球において少なくとも当面は宇宙でよりも安楽な生活が期待できる時代において、宇宙植民に踏み切るために踏み越えねばならないハードルは極めて大きい。好んで苦労しに行く第一世代はともかく、生まれる環境を選べない第二世代以降には不満もたまるだろう。地球はリアルタイム通信を許さない程度には遠いが、パッケージ化された知識の交流には差し支えない程度には、そしてそれ相応のコストをかければ生身で帰れる程度には近いのだ。

さらにはそうした宇宙植民は、順調に進んだとしても、ひとつの拠点のコミュニティとしての確立に数十年、そうしたコミュニティが分岐して増大していく過程については数百年のオーダーをかけて進行するだろう。そのなかで、宇宙に定着した人々と地球に残った人々、そして宇宙においてもコロニーごとに、文化的・社会体制的な相違にとどまらない多様化が――特に宇宙においては起こってしまうのではないだろうか？　あるいは、そうした事態が予想できる以上は、宇宙植民という事業は、たとえ公的に禁じられることはないにせよ、決して奨励はされないのではないか。深宇宙における科学的探査や資源開発の拠点は、たとえ発展したとしても可能な限り無人化され、有人の場合にも一時滞在のみであくまでも「基地」にとどまり、独立した生活共同体、「都市」となることは許されないのではないか？

——そこで私は、倒錯しているようだが逆の方向から考えてみたいわけである。仮に宇宙開発とは独立の要因で、人々が身体レベルでの自己改造を自由に展開する社会がすでに実現していたならば、そのような社会においては、宇宙植民へのハードルは低くなるのではないか？と。

宇宙植民のために過酷な環境に人々を強制的に送り込み、さらにはその身体を改造する、という事業がリベラルな道徳の下で正当化されるはずはない。しかしながら、仮にオニール的なサバービアとしてのコロニーにはほとんど実現可能性がなく、野田が想定するような、小惑星上の隔絶したフロンティア拠点としてしかコロニーがありえないのだとしたら、本格的な宇宙植民の実現は、そうした過酷な冒険に自己責任で自主的にコミットする層が社会のなかに一定数存在する、という条件の下でしかありえないことになる。そのような層として私は、ビジネスのためであれ趣味・娯楽のためであれ、すでに自己選択で自らの身体を改造している人々、というものを想定してみたのである。

こう考えていくと、ここで議論は何とも意外なことに、応用倫理学における他の問題領域——生命医療倫理学における、優生学的改良やサイボーグ技術などによるヒューマン・エンハンスメント

（human enhancement）をめぐる議論や、あるいはロボット倫理学とつながっていかざるをえない。

だが、その問題に進む前に、地球近傍を離れたといえあくまでも太陽系内にとどまっていたここまでの宇宙植民の議論から、空間的に少し踏み出してみよう。すなわち、恒星間宇宙への進出の可能性である。

4　恒星間航行

4－1　有人恒星間航行の絶望的困難

前章で見た野田の小惑星コロニー構想が我々につきつけたのは、宇宙植民が比較的急激に（とはいっても数十年オーダーであるが）、社会的・文化的のみならず肉体的、物理的なレベルでの人間の変容、多様化をもたらす可能性である。そして同様の問題は、恒星間宇宙への進出についても避けられないと思われる(1)。

そもそも、恒星間宇宙への進出というプロジェクトは、仮にそれが有人ないしそれに準じる（「準じる」の具体的な意味はのちに論じる）ものである場合、早くても向こう数百年は本格的に開始されることはないであろうし、また実際に開始されたところで、宇宙の物理学的構造、その制約を技術的に回避することの困難さにかんがみて、基本的には百年、千年単位かそれ以上のタイムスパンでのプロジェクトになってしまうだろう。

光速度の限界、そしてそれに比しての恒星間距離の絶望的な大きさは、有人恒星間航行にとって致命的な障害である。既知の技術のレベルでは、原理的な可能性としても、相対論的効果による主観時間短縮の恩恵を受けられる準光速での航行の実現可能性は極めて心もとない。また仮にそれだけの速度が達成できたとしても、今度は宇宙線、さらにはデブリとの衝突が致命的な問題となる。さらに、先に見たような質量比、積載燃料と推進剤の問題は、恒星間航行においては絶望的なレベルにまで膨れ上がる。この困難を解決する革命的なアイディアとして一時期注目されたバサード・ラムジェット（星間物質を核融合燃料・推進剤として用いる）構想に対しても、その後は様々な疑問が突きつけられている（Adler［2014=2014］）。

かといって、たかだか光速の数パーセント程度という、既知の技術でも十分に達成可能な程度の速度では、ごくごく近傍、十光年前後の距離にある恒星系への到達にさえ、百年単位の時間が必要になる。さらに当然のことながら質量比問題が立ちふさがる。これまでの無人探査機のように一方通行のフライバイであれば、航行に必要な燃料は往路の加速用のみですむ（固定型のカタパルトを使えばそれも不要だ）が、有人飛行を考えるのであれば、到達先での減速、帰路に出発するための加速、そして最終的に太陽系に帰還した際の減速（こちらは太陽系側で対応できるかもしれないが）、と大量の燃料を搭載していかなければならない。そのうえに数百年に及ぶ航行の間の、乗組員の生命維持に必要なシステムのための物資も当然に必要である。スペース・コロニー同様に効率の良い循環システムの積載は当然であるが、それでも消耗品が多少は必要だろう。理屈としては先に見た太陽系内の航行と同じことだが、実際に必要な物資量はけた違いとなる。さらにデブリや宇宙線からの防護については言うまでもない。そもそも恒星間宇宙船であれば、いまだ実用化のめどの当分立たない核融合を用いるのか、それともそれ以上に未知の技術である反物質の対消滅を用いるのかはともかく、そのエンジン自体が強烈な放射線源になってしまうだろう。

さて、このようなプロジェクトは、仮に行われたとして、具体的にどのようなものになるだろうか？

もし仮にそれがごく常識的な意味での有人飛行として行われるのであれば、そこでの宇宙船はまず、実質的にはそれ自体で独立したスペース・コロニーにならざるをえない。安全な人工冬眠技術が確立すればまた話は別だが、相対論的効果が期待できなければ、主観時間でも数十年から数百年はかかるプロジェクトを、生身の人間が一世代で担うことは、劇的な、それこそ十倍程度の寿命延長が可能とならない限りは不可能である。つまり、それが身体的にはいまの我々と変わらない人間たちによって担われるプロジェクトであるとしたら、恒星間宇宙船は、技術的な意味においてのみならず、社会的、文化的にも、世代交代を経てもアイデンティティを保って存続し、航行プロジェクトを継続しうる、独立型スペース・コロニーの一種としてしか成り立ちえないであろう。あるいは、既存の人類文明に未練を持たず、そこからの切断をむしろ積極的に志向するようなコミュニティによって担われるのであれば、一回分の減速燃料しか要しない、一方通行の移民プロジェクトとしてもなされうるだろうが。

ただ言うまでもなくこうした世代間宇宙船プロジェクトは、帰還を志向しようがしまいが、太陽系内にとどまる通常のスペース・コロニーとは一線を画したものにならざるをえない。それらは困難に陥ったところでやり直すこと、逃げ帰ることはできず、また外部に助けを求めることもできない。前章では小惑星ベースのコロニーにつき、その地球との隔絶性、孤立性を強調してきたが、恒星間宇宙船はその比ではない。なにしろリアルタイム通信はおろか、パッケージ化された知識のやり取りさえ、年単位の時差を伴ってしかできなくなる。真正な意味において、少なくとも数百年間にわたり、複数世代をまたぐプロジェクトを、一貫してやりぬかねばならない、というまったく未知の課題がそこにあるのだ。そのいわば社会学的、人間学的な困難さをやり過ごそうと思えば、逆に、けた違いの寿命延長や、サイボーグ化・ロボット化といったポストヒューマン・テクノロジーを動員しなければならなくなる（しかもここでは、寿命延長やロボット化の社会学的・人間学的副作用は考慮に入れていない）。前章で指摘した、コロニーにとっての、あくまでひとつの可能性としての人間の生物工学的改造という課題が、ほぼ避けがたいものとなるわけである(2)。

4-2 「人間」の意味転換

このように実行可能性の点でも、倫理的観点においても大いに問題をはらむ世代船プロジェクト以外に、有人恒星間飛行の可能性は残っていないだろうか？ その「人」が現存人類と身体的に同質の存在である限りは、安価な準光速ないし超光速航行技術でも開発されない限りそれは不可能だろう。ただし、「人間」の意味が変わる可能性を考慮に入れるならば、その壁は破られうる。

「人間」の意味が変わる、とはどういうことだろうか？

ひとつにはもちろん、極端なまでの寿命延長を含めた、人体改造、ヒューマン・エンハンスメントの可能性である。そしてもうひとつは、ほとんど人間と同等の能力を発揮しうる――とりわけ、自律的な判断能力を持って動くロボットである。自然人の改造、エンハンスメントには前章の系内コロニーの可能性について論じた際にすでに若干触れたので、以下ではまずまったくの人工物、人造人間たる自律的知能ロボットに議論を集中しよう。

現在でもすでに我々は、太陽系外に向けて無人探査機を一方通行でかつあてもなく送り出している（むろん用済みの惑星探査機を外宇宙に送り出しているだけである）。そもそも太陽系内惑星についても、その探査の主力はあくまでも一方通行の無人機によるものである。繰り返しになるが、往復分の燃料のほか生命維持物資をも積載せねばならず、さらには宇宙線に対する遮蔽対策まで考慮せねばならない有人宇宙飛行は、太陽系内であろうと大ごとである。先に論じた宇宙文明の可能性は、太陽系内――主として小惑星――の資源の活用が、そうしたコストを補って余りあると想定されたうえでのものである。しかし太陽系外飛行には、そうした見返りがほぼ間違いなく期待できない。そこから予想できる成果は、おそらくは純粋に学術的、ないし思想的なもののみである。

だから恒星間宇宙への進出、他の恒星系の探査も、仮になされるとしても基本的にはまず、高性能のロボットを搭載した無人探査機を送り出す、という形でなされるであろう。ただ、これまでのパイオニアやボイジャーなど、具体的な成果を見込まず「太陽系外に出ること自体に意義がある」とばかりに儀式的に送り出された探査機（そもそもその本来の目的は系内探査）とは違い、数十年、遅くとも数百年以内には具体的な成果を挙げたい探査機は、それなりに高速で射出される必要がある。そこで現在考えられているのは、この無人の宇宙船自体のサイズ、質量を極めて小さくすることである。身体を持った人間を生きたままで乗せなければならないからこそ、宇宙船は巨大で重く、余計な荷物を載せずにはいられない。行ったきり帰ってくる必要はなく、人間も乗せないのであれば、相当に小型化、軽量化できるし、ロケットなど本体付のエンジンではなく、マスドライバーを応用したカタパルトを用いれば準光速化も十分可能であるし、太陽帆（solar sail, light sail, 恒星の光の圧力を受けて進む推進システム。「宇宙ヨット」などとも俗称される）などの有効性も増す。では、そこで探査の作業を担うのは？　言うまでもなく、自律性の高い知能ロボットになる。

他の恒星系に送り出される探査ロボットは、太陽系内の惑星探査機とは異なり、本部にいる人間からの指令を臨機応変に受け取ることができない。太陽系内であればせいぜい分単位、時間単位ですむ通信ラグが、恒星間宇宙では少なくとも年単位になってしまう。通信はせいぜい、探査結果の報告のためにしか使えない。となれば恒星系探査ロボットは、人間の指令なしに臨機応変の対応が可能な、極めて高度な自律型ロボットであらざるをえない。

問題は「極めて高度な自律型ロボット」としてどのようなものを想定することができるか、すべきか、である。

数光年を隔てた観測からでも、問題の恒星系に関する相当程度の知識――どのような惑星がどれくらい存在するか、等々——はかなり蓄積できるであろうし、それをもとにすれば、適当な惑星に接近してその周回軌道に乗ったり、場合によっては着陸したりを可能とするプログラムを前もって設定しておくこともできるだろう。しかしながら特に着陸して以降、地表をあちこち移動して情報を収集するといった複雑な行動をするためには、臨機応変の自律的判断能力が必要となるのではないか。

何より厄介なのは、生物に遭遇してしまった場合である。もちろん最大級に厄介であるのは、知的生物との遭遇である。数光年先からの観測によっても、電波を日常的に発信する程度の文明の有無であれば十分に推測可能であろうが、乱暴に言えば産業革命以前の技術水準の文明については、せめて目標天体の周回軌道上から細密に観測することなしには、その有無でさえ判断することは難しいだろう。もちろん、いきなりの接近遭遇を避けて、距離を保っての観測を行い、そのデータを数年~数十年かけてフィードバックし、地球の本部での意思決定を経て初めて、さらなる接近へと踏み出す、ということも可能であるが、いったん地表に下りて直接に接触してしまえば、もうそれではすまない。すなわち、最も適切な戦略とは、知的な意味では人間に準じた性能を備えた自律型ロボットを用意しておくこと、に尽きてしまう。

以上をまとめるならばこういうことになる。もし我々が、太陽系外宇宙探査という事業において、地球外生命・知性との遭遇を期待しそれに備えておきたいとすれば、実際に人間を乗り組ませた船を送り出すにしくはない。しかしながら有人恒星間飛行の超絶的な困難性にかんがみれば、人間と同等の知的能力を備えたロボットを送り出す方が合理的である。

もちろんこれは、人間と同等の知性を備えた自律型ロボットの実現なしには、太陽系外探査は不可能であるとか、やるべきではないということまでを含意しない。これまでの探査の結果、少なくとも近傍数十光年の範囲には、電波の実用化レベルにまで達した文明を備えた知的生命は存在しない可能性が極めて高いことは、すでにわかっている。単に観察対象とすることを超えた、「コミュニケーション」を必要とする知的生命と接触する可能性はそれほど高くはないであろう。そう考えれば、普通のロボット探査機による一方通行型探査でも、十分な成果が期待できる。宇宙生物学的な成果は期待できなくとも、恒星・惑星科学的な成果だけを念頭に置いても、それには十分な意義がある。

だが、仮に「それでもどうしても、自由意志と自律的判断能力を備えた「人間」を恒星間宇宙に送り出したい」と人類が望むのであれば、そのときは「人間」の定義を大きく変更しないわけにはいかないのではないか？　本章での考察の暫定的結論は、そのようなものである。そして前章においても私は、たとえ太陽系内にとどまるとしても、地球外において「コロニー」と呼びうるレベルの恒久的生活拠点を確立するとしたら、それを担う「人間」は我々の知る自然人とはかなり違った存在にならざるをえないのではないか？との結論に行きついた。もちろん前章ではサイボーグ化・遺伝子操作などによる改造人間が問題となっていたのに対して、本章で問題としたのは純然たる人工物としてのロボットである。ただしそれは「人間とほぼ同等の知性を備えた自律型ロボット」である。結論を先取りすれば、それは道徳的には人間並みの処遇を与えねばならない対象である点において、改造人間とさして変わらない存在なのである。となれば実はこの自律型ロボットについても、改造人間、ヒューマン・エンハンスメントの場合と構造的に同型の問題が浮上するのではないだろうか？　すなわち、それは自然人とは大いに異質な存在ではあっても、道徳的には「人間」として扱われねばならない、すなわち、リベラルな社会においては、その自己決定権や尊厳を尊重されねばならず、特定のミッションを強制してはならない相手として遇されねばならないのではないか？と。

それでは章を改めて、この先取りした結論をきちんと論証することを目指そう。人間とほぼ同等の知性を備えた自律型ロボットを持つとは、いったいどういうことかを意味するか、について、宇宙開発というコンテクストからいったん離れて考えてみよう。これはまた3章末尾で示唆した、人間改造、ヒューマン・エンハンスメントの問題からも一見迂回しているように見えるかもしれない。しかし実はそうではないことは、行論のうちに示されるだろう。

5　自律型−人格的ロボット

5−1　人格的ロボットの倫理学

実現可能性はさておいて……

ここで問題としたいのは「人間とほぼ同等の知性（Bostrom［2014］の言うＨＬＭＩ［Human Level Machine Intelligence］。後出）を備えた自律型ロボットなどという代物が、技術的に実現可能か？」ということではない。そのようなことについて適切な判断を下しうる状況に我々はいない。現状せいぜい言いうるのは「原理的に不可能だとは証明されていない」という程度のことである[1]。

もう少し筋がよい問いはもちろん「どのような機械を作り上げれば、それを人々は「人間とほぼ同等に知的で自由」とみなすのか」という問いかけであるが、これについても今回私は軽く流す。すなわち「実際にできあがった機械を人々が人間扱いせずにはいられないようであれば、それは「人間とほぼ同等に知的で自由」だとみなしてよい」と。これは結局のところ有名なチューリング・テスト（Turing［1950=2001, 2006, 2014］）の発想（「キーボード越しに機械と対話した人間が、機械による応答を本物の人間による応答と区別することができないようであれば、問題の機械は「人間とほぼ同等に知的である」とみなしてよい」）の延長から外れるものではないが、重要なポイントは「この基準は本来のチューリング・テストのような厳格に制御された実験室においてではなく、普通の人間社会のなかでクリアされねばならない」ということである。

だまされたように思われるかもしれないが、実はこう考えるしかないのだ。非常に直観的に言えば我々がここで覚える不安感の核心には、デイヴィッド・チャーマーズの言葉を借りれば「意識のハードプロブレム」、「哲学的ゾンビ」問題がある（Chalmers［1996=2001］）。我々が道徳的な主体として大切に扱わねばならない存在とは、せんじ詰めれば「自意識を持って世界を体験し、喜んだり悲しんだりする存在」であり、それゆえに我々は人間を大切にするのみならず、少なくともある種の動物についてもその権利や幸福についてあれこれ悩み配慮するのだ。となればここでの我々の悩みとは「果たして自意識を持つロボットなどというものが作られるときが来るのか？　そもそもどうやって作ったらよいのか？　あるいは、どんなものを作ったら「意識を持つロボット」を作ったことになるのか？」と言い換えることができよう。

これは考えようによっては大変な問題だが、非常に極端に言えば、あまりに大問題すぎるからこそ逆に軽く片付けるしかない問題でさえある。つまるところ我々は、人間同士では「お互いに各自が自意識を備えている、それぞれに内面を持っている」ということを前提としているが、果たして「知っている」のだろうか？　厳密に言えば我々各自が知っているのは自己の内面、自己の意識の存在だけである。定義上「他者の内面」は知りえない。これは技術的な可能性の問題ではない。知りえたならばそれは「他者の内面」ではない。

実際には人間同士の間でさえ、我々は「自己の同胞たる人間扱いせずにはいられない他者」については、「そこに内面がある」と想定せざるをえないというだけのことなのだ。つまりそこに実際に自意識、内面があろうがなかろうが、他の人間の自意識も、あるいは知的ロボットの自意識も、他人からは直接に認識することは決してできない点ではまったく変わりはない。あえて言えば問題は「そこに内面があると想定せざるをえない、自己の同胞たる「人間」扱いせずにはいられない他者」としてふるまうようなロボットができてしまうかどうか、である。(2)

さらにいまここで我々が主題化したいのは、そのような機械――高度な自律型ロボットの実現可能性それ自体ではなく、仮に実現してしまったとして、そのようなロボットたちと人間たちがともに生きるとはどういうことか、である。

人格的ロボットを受容／需要する社会

人間と同等の能力を有し、人間と同等の道徳的処遇を要求する存在の典型は、言うまでもなくほかならぬ人間、生物学的なヒトが体現する人格的存在である。これを仮に「自然人」と呼ぼう。それに対してここで問題とする高度な自律型ロボットとは、これとは別様の仕方で出現する人格的存在である。そこでまず問題となるのは、すでに我々は自然人という人格的存在とともにある（現時点では我々自身のすべてが自然人であろう）のに、なぜわざわざこれとは別に、新しい種類の人格的存在、新しい「人間」を作り出さねばならないのか？　「自然人」とは別に「人工人（人造人間）」をわざわざ作り出さねばならない理由が、どこにあるのか？　もちろん「作り出さねばならない」理由がなければ作ってはいけないわけではない。だとしても、いったいそんなものをわざわざ作ることにどんな利益が見込めるのか？　という問いかけは避けることはできない(3)。

「自律型ロボットへの、あるいはヒューマノイド（人間型）ロボットへの執着はそもそも不合理なものである」という議論も根強い。そもそも工学的な観点からすれば、人間型の機械に可能な仕事は、基本的に人間、自然人にやらせるのが最も効率的であろう。ロボットを作る基本的な理由が、人間の身体をもってしてはうまく、あるいはまったく不可能な類の仕事をさせるため、であるとすれば、ロボットは物理的、機械的に人間とは異なる、かつその果たすべき特定の機能にふさわしい機構、形を備えているべきである（ex. 広瀬［2011］）。

他方、近年の「社会的知能」に関する知見（けいはんな社会的知能発生学研究会［2004］、ほか）を踏まえるならば、「人工人間」たる自律型ロボットは、人格を取得し保持するために、人間社会に立ち混じり、その一員として生活せねばならないだろう。それゆえ人格的ロボットは、形状としてはヒューマノイドでなければならないと思われる。そうすると逆に、人間とは異なる姿かたちを備えた「異形」の存在であるロボットに対して、人間同様の自律的知性を与えることには、重大な倫理的問題があることになる。となれば、そのようなロボットに対しては、人格を付与するべきではなく、純然たる道具――人間の身体の延長、あるいは既定のプログラムに従うだけの自動機械にとどめるか、あるいはせいぜい動物レベルの自律性のみを与えておくか、が適切な戦略だ、ということになる。そうすればロボット倫理はせいぜい製造物責任問題にとどまるか、あるいは動物倫理の応用問題として処理できることになり、固有の問題領域を形成しない。おそらくはあらゆるロボットをその程度のものにとどめ、人工人間は作らない、というのもありうべき合理的な選択であろう。

無論このレベルでのロボット倫理が、動物倫理とまったく同じ構造を持つというわけではない。このレベルの、つまりは人格性を認める必要がない程度の自律性を備えたロボットの運用における主たる倫理問題は、第一義的には、それらに対して道徳的判断力、行為能力をいかに実装するかであって、それらをどのように処遇すれば倫理的に適切か、ではないだろう。

それに対して動物倫理の場合には、ペットや家畜に対して自律的な道徳的判断能力を求めることはなく（ヒューマン・エンハンスメントならぬ動物の知性化、アニマル・エンハンスメントという問題領域についてはここでは触れない）、ある程度自由にふるまう動物をいかに適切に躾ける・調教する（disciple）か、その一方で適切に配慮し保護する（care）か、つまり人間が動物をいかに道徳的に正しく扱うか、が主要課題となる。ここで人間は動物に対して一方的に責任を負うのであって、動物は責任主体ではない。「動物福祉」は比喩ではなく、文字通りの意味であるが、「動物の権利」は基本的には比喩ないしレトリックである。

しかしながらこのレベルの、低度の自律性を持ったロボットについても、その適切な処遇について、普通の心なき機械の適切な運用のレベルを超えた倫理的問題が生じないとは言えない。すなわち、ロボットに自律的な道徳的判断・行為能力を実装するとはどのようなことを意味するのか、が問題である。

ウェンデル・ウォラックとコリン・アレンは、自律型ロボットに道徳的主体性、道徳的行為能力を実装するにあたって「トップダウン」と「ボトムアップ」の二つのアプローチがありうることを指摘する（Wallach & Allen［2009］）。「トップダウン」とはいわばルール主体の発想、「行いの倫理学」の考え方であり、「このような局面においてはこうすべし」という命令の体系をロボットに実装しておく、というアプローチだ。これに対して「ボトムアップ」とは、ロボットに学習による自己修正能力を実装しておき、道徳判断についてもあらかじめプログラムした基本ルールを順守することにとどまるのではなく、経験を通じて少しずつ行動戦略を修正し、調整していくようにさせる、というものだ。両者は必ずしも排他的なものではないが、ウォラックとアレンは近年の第三次人工知能ブーム、そこにおける統計的機械学習技術の重要性を踏まえつつ、後者を軸としてロボットに道徳的主体性を実装していくことを提唱している。

しかしながらここで「ロボットが学習する」とは具体的にはどのようなことなのか？　それは機械学習でいうところの「強化学習（reinforcement learning）」を極めて洗練させたものになると思われる。すなわち、ロボットに「目標関数」「評価関数」を実装して、行為の結果や周囲の状況が目標達成にプラスの貢献をするようであれば評価関数の値が高まり、マイナスであれば低まり、という風にして、どのような状況で何をすれば高い評価値が得られ、目標をよりよく達成できるか、についてのデータを蓄積していくわけである。つまりロボットに「欲求」を持たせるわけだ。

問題はこのようにロボットに「欲求」を持たせることが何を意味するのか、である。むろんこうした「欲求」を備えたロボットを上手に使うためには、その「欲求」に対して適切な配慮をすることが必要である。しかしこの「適切な配慮」とは何を意味するだろうか？　それは少なくとも動物に対する配慮と同程度には、福祉的な、つまり道徳的な配慮である、ということになりはしないか？

我々がこの問いかけに対して素直に「イエス」と答えることができないとすれば、それはペットや家畜、さらには野生動物が現実の存在であるのに対して、「欲求」を備えたロボットはいまだ仮説の域を出てはいないからだけではない。おそらくは我々の多くは、複雑な神経を備えた高等動物――少なくとも脊椎動物、無脊椎動物についても頭足類（タコの高い知能や繊細な感覚についてはよく知られている）あたり――に対しては、直観的に「意識」の存在を前提しているのに対して、人工知能を備えたロボットについては、そのような想像を自然にすることができないからだ。しかしながら、先に述べたように、このような動物に対し、それどころか人間に対してさえ、我々ができているのはただ単に、そこに意識があることを想像することでしかない。それは単なる慣れ、習慣、訓練――遺伝子によるものであろうと、後天的学習によるものであろうと――の問題である。適切に洗練された目標関数や評価関数を実装し、それに従うふるまいを示すロボットに対して、人間たちが意識を想定するかどうかも、あくまでも想像力、慣れ、訓練の問題でしかない――原理的には。となれば、こうした低レベル自律型ロボットに対する配慮の問題系も、案外と動物倫理のそれから遠くはないことにというなる。

では、HLMI、ニック・ボストロムの言う「人間並みの機械知能」(それは言うまでもなく、上述の低レベル自律型ロボットの「欲求」付き人工知能のさらなる洗練の上に成り立つものであろう)を備え知的にも人間と同等以上で、身体的にも、人間社会に立ちまじって生活することに大半の人間から違和感を持たれないような形状を備えた自律型ロボットを作ることに、いったいどのような意味があるのか? いや、もちろん実用的な意味がなくとも、そうしたロボットの開発途上においては他用途にも転用可能な新技術を膨大に蓄積することができると思われるし、また実際に完成品がロールアウトしてからも、実際に動き出したそれと付き合うなかで膨大な知見を獲得することができるだろう。そうした純粋に科学的な探究上の価値を否定するつもりはない。そうした価値が、そこまでに投入された膨大な労力を優に上回る可能性が高いことにも、異論はない[4]。

だが、いったんそのような、つまり「人格」を備えたロボットを作ってしまったならば、相手が人格的存在である以上、我々はそれに対する責任を負ってしまう。その責任を、具体的にはどのように果たしていけばよいのか?

むしろそれは最初の、開発局面においてはまだ問題が少ないだろう。数少ない試作品のロボットたちを、開発者たちは大切に作り上げ、育て、いわば一人前の社会人として社会に送り出しつつも、保護、支援の手はつねに差し伸べ続ける可能性が高い。そこでは費用負担の問題は当然に社会化されているだろう。

しかしそうした初期局面を超えて、自律型ロボットが技術的に安定し、製品として多数作られていくことになれば、どうだろうか？ 社会には果たして、自律型ロボットを受け入れる「市場」があるだろうか？ またわざわざ金を出してロボットを買おうとする人々は、どのような人々であり、何のためにそれを需要するのだろうか？

完全に道具であるようなロボットや、ペットあるいは使役動物のカウンターパートとしてのロボットであるならば、先述のとおり、特に新しい問題はない。心がないロボットは「もの」として扱って差し支えなく、動物レベルのロボットは虐待をせずにその福祉に配慮してやればよいが、厳格な意味での権利を尊重する必要はない（責任を問えない以上権利もない）。道具を必要とする人々、家畜やペットを欲する人々はこれまでにもいたのだから、そうした人々が従っていたルールやモラルを、そこに延長すればよい。そうしたニーズや欲望を、我々は否定する必要もない。

では、人格的存在を、わざわざ金を出して買おうとする人々とは何であり、そうした人々のために人格的存在者を製造する人々とはいったい何であるのか？ 前者の選択肢は、仮にそれが、買い手が人格的存在者たるロボットを購入して自己の所有物とするということを意味するのであれば、我々が奴隷制度を容認するのでない限り、認められない。後者はどうだろうか？ 製造者がそのロボットに対して所有権を主張するのであれば、同様である。そうではなく、製造して完成したと同時にその所有権を放棄し、ロボットを自由な存在として解放するのであれば、権利上の問題は発生しないが、今度は費用負担とインセンティブの問題が発生する。製造者はその製造費用を、いったいどうやって回収するのか？　開発段階であれば問題とはならないであろう費用負担の問題、誰がそうした費用を負担してまで人格的ロボットを需要するのか、という問題が、技術的に確立し量産可能となったロボットの社会的受容に際しての第一の関門であろう。

先に提出した、系外宇宙探査、とりわけ地球外知的生命探査のために我々は人格的ロボットを必要とする、というロジックは、それへのひとつの答えでありうるだろうか？　もちろん本書において私がロボットの問題へと説き及んだのは、本格的な系外宇宙探査のためには、人格を有する自律型ロボットがあることが極めて望ましい、との結論に一度達したからである。しかしながら、それはあくまでもロボットに対する需要側の事情についての議論である。それに対していわば供給側からも考えてみなければならない。そうなると私としては、否定的にならざるをえない。すなわち、系外宇宙探査というニーズが、自律型ロボットの開発、製造を正当化する、とは言いがたい、と言わざるをえない。何となれば、そのような人格的存在を、あらかじめ特定の目的のために生産し、それに強制的に従事させる、ということが果たして道徳的に許されるかどうか、問題なしとはしえないからである（この議論は「仮にその費用が十分に見合うとしても」という類のものではない。人格的なロボットは権利主体であり、権利の制限はそもそもまったく許容されないか、あるいは相応の補償をもって許容されるか、である。補償は当然、費用のなかにカウントされる）。

基本的にはこのハードルは、ロボットを「子ども」として需要しまた受容するという論理によってクリアするしかないのではないか、と私は考える。人々が子どもを産み育てる理由には主観的にも客観的にもいろいろとあるが、将来の稼得、扶養を期待する、という個人的な利益、資産・生業（つまりは「家」）を継承させる、という超個人的な利益、さらには純粋に利他的に愛するため、という理由、おおざっぱにはこの三つで理解できるだろう。それゆえ、特定の目的のために子どもを産み育てる、という営為を我々人間が現にまったくしてはいないとは言いえない。しかしながら現代的な（リベラルな）基本的人権の理念に照らすならば、親は子どもに対して、家業の継承やその他自己の希望する事業への従事、あるいは老後の扶養を期待し、またそのように誘導することはできても、強制することは許されないであろう。そして現に我々は、そうした理念を建前としてではあれ許容して生きており、その下においても、少子化傾向は見られこそすれ、人々が子どもを産み育てることをまったくやめてしまうという心配はなさそうである。だとすれば人格的なロボットに対しても、自然人の子どもに対してとほぼ同様に、将来における自由人としての解放を条件として、その占有を時限付きで認める、という戦略が考えられる。これは比較法学的に言えば解放奴隷、あるいは年季奉公人に非常に似た仕組みだと言えるだろう（稲葉［2005］）。

人格的ロボットは宇宙植民・恒星間航行を容易にするのか？

以上の議論は、宇宙開発にとってどのような含意を有するだろうか？　太陽系外宇宙探査のために、専用の自律型ロボットを開発する、という戦略については、深刻な倫理的疑問があるということは、以上の考察から明らかであると思われる。道徳的な観点から見れば、人格を備えた自律的ロボット、つまりは自然人にできることは大概ができて、そのうえで自然人にはできないこと——自然人には生息不可能な過酷な環境の下で継続的に活動し、また自然人よりはるかに長い時間にわたって生き続けること、など——を作るということは、それを自然人と同等の「人間」とみなさざるをえない限りにおいて、実はその問題の構造においては、ヒューマン・エンハンスメント、自然人の工学的・生物学的改造のはらむ倫理的問題とほとんど同じだ、ということである。つまりは、宇宙開発という特定の目的のために、それにふさわしい特定の機能を備えた改造人間を作ってしまうことが、いかにして道徳的に正当化されうるのか、という問題と。そしてもっとも単純に、素朴な功利主義的リベラリズムの原則のみを考えただけでも、すでに生まれている個人に対しての改造作業は、少なくとも「インフォームド・コンセント」の手順を踏むことなしには正当化できない、と結論できるであろうし、遺伝子工学的手段による、先天的な改造人間の開発に際しては、その正当化は不可能——とは言わないまでも極めて困難となるだろう。

むろん、おそらくはこうしたロボットと、自然人出自の改造人間——いわゆる「サイボーグ」であれ、遺伝子工学の所産の新生物であれ——の間にも、重要な質的違いがあるだろう。最大のポイントは、ロボットの場合は、その「心」を複数の「身体」間で移転すること、そもそも「心」の本体をネットワークにおいて、「身体」は単なる遠隔操作の端末にしてしまうことも、一定の限界内においてて可能であるだろう、ということだ。改造人間においてもある程度複数の身体の乗り換え、使い分けは可能かもしれないが、自然人出自の改造人間においては、やはりその「心」を身体、少なくとも脳神経系から分離・移転することは不可能だろう。

そう考えれば、仮にそのようなことが可能となったとして、人格を有するロボットは自然人はもちろん、改造人間に比べてもはるかに融通の利く存在であるだろうから、彼らに対して宇宙開発・探査業務を引き受けさせるコストは、自然人や改造人間に対しての場合と比べれば、劇的に軽減することは期待できる。(5) それでも、ロボットを人格を備えた存在、つまり道徳的には「人間」として扱うのであれば、先の「インフォームド・コンセント」の手順は省略できない。あるいはこう言ってもよい。ロボットを宇宙開発業務に従事させるコストには、彼らをそう動機付けるための「報酬」が含まれなければならない、と。しかしそれだけでは足らない。相応の報酬によって引き付けるとはいえ、自由意志によって宇宙に乗り出すことを選ぶロボットは、人間の場合と同様に（比率的にはより多くなるかもしれないが）少数派だろう。すなわち、太陽系内系外を問わず、宇宙開発に自由意思で従事する自律ロボットをリクルートできるような環境とは、どのようなものかを考えてみる必要がある。端的に言えばそうした社会とは、宇宙開発からのニーズとは基本的に独立のところで、自然人や改造人間に立ち混じって、少なからぬ数の人工人間＝高度な知性を備えて一定の「権利」を保障され「人格」を認められた自律型ロボットが少なからず存在し共存している社会、であろう。

しかしそのような社会が、どうすればできあがるというのか？　先の私の議論からすれば、そのようなロボットはもっぱら何か別の事業のための「手段」として開発されてはならない。そのような面倒くさいものをわざわざ作ることを選ぶ人々が、つまりは子育てと似ているがちょっとだけ違った楽しみを求める人々が、どれくらい出てくるだろうか？　このあたりは容易には予想がつかない問題である。

5−2　未来社会のひとつのイメージ——あるSFまんがから

人格的ロボットと自然人の共存についてイメージしてみようと試みる際に興味深い示唆を与えてくれるSF作品として、浦沢直樹のまんが『PLUTO』（浦沢・手塚・長崎［2004-2009］）を挙げることができる。この作品とその原作である手塚治虫のまんが『鉄腕アトム／地上最大のロボット』との設定における最大の違いは、前者においては、登場するロボットのほとんどが非常に強い意味で「人間型」である、ということだ。彼らは大量破壊兵器となりうる戦闘ロボットたちであり、その機能からすれば必ずしも人間型をしている必要はない。にもかかわらず、アトムのような一種の芸術品は別としても、武骨で巨大な戦闘用ボディを持つブランド、ヘラクレスでさえも、それとは別に人間型——単に四肢があって二足歩行するというにとどまらず、そもそも通常の人間と容易に見分けがつかない——の日常生活用ボディを持っている。彼らのほかにも、謎の敵プルートゥに一時生活用ボディを乗っ取られる公園作業用ロボットなど、日常生活用の人間型ボディを別に持っているロボットの存在がこのまんがでは描かれている。

なぜか？

すでに見たように、日常生活で人間たちとまじって協働するロボットが、人間と大差ないサイズ、人間的な形状を持っていることはむしろ自然である。そのような形をしていれば、人間用に設計された環境に難なく適応し、人間用の道具や機械も容易に使いこなせる。何より人間にストレスを与えることなく一緒にいることができる（これについては、やはりまんがであるがあさり［2004］の周到な解説をも参照）。しかし『ＰＬＵＴＯ』の軍用ロボットやその他極限作業用のロボットならば、そうした制約に服する必要はなさそうに見える。実際、いま現実に戦場で用いられている軍用ロボットに、あからさまに人間型のものは存在しない。もちろん今のところそれらはまんがやＳＦに登場するような完全自律型の自我を持つ人造人間ではなく、リモコン飛行機やよくできた自動機械以上のものではないのだが。

問題は、彼らが極限作業用ロボットであっても、人間と協働するロボットであり、かつまた人間によって直接操作されない、完全自律型の自我を持ったロボット——人造人間であるということだ。操作されなくとも、命令されなくとも、自分で何をなすべきか、あるいは何をしたいかを判断し、決断し、実行できるロボットであるということだ。それはどういうことか？

繰り返しになるがそのようなロボットは、そもそも、社会のなかでしか生きられないだろう。そのような「理性」「自我」を持った存在は、他の類似のそれぞれに「理性」「自我」を持った仲間との付き合いなしには、そうした「理性」「自我」を育むことはできないだろうし、またそもそも必要ともしないだろう。となればそうしたロボットもまた「仲間」とともに「社会」のなかで生きるしかない。しかしそうしたロボットにとっての「仲間」そして「社会」とは何か？　同じ種類の、同様の機能を持ったロボットたちの数は少なく、それだけでは十分な「社会」を形成するには足りないかもしれないし、そもそもそうしたロボットたちは、別の機能を持った別の種類のロボットたち、そして何より人間たちと協働しなければならない。つまりはそうしたロボットたちは、他種のロボットたちや人間たちと「仲間」となり「社会」を作らなければならないのだ。となれば、すべてのロボットたちの製作者であり、彼らの住まう世界の「相場」を形成している人間たちと容易にコミュニケート——それはもちろんプログラム言語を通じてのやり取りにはとどまらず、人間の用いる自然言語を、さらにはボディランゲージをも用いたものでなければならない——できる形状・サイズを備えていた方がよいだろう。しかしそうした要請は、人間の日常生活の場とは大いに異なる環境で仕事をする、極限作業用ロボットにとってそのままでは満たしがたい——それらは機能の要請に応じて、人間とはずいぶん異なった形をとるだろう。

浦沢が主人公の戦闘ロボットたちに二つの身体を持たせたのは、この矛盾を解決するためではないか、と思われる。彼らは仕事用、極限作業用（戦闘用）のボディと日常生活用の人間型ボディの二つを持つことによって、人間社会にうまくなじみつつ、人間にはできない極限作業をもこなすことができるのである。作業用ボディしかなければ、異形の怪物となってしまう。

しかし、そもそもなぜ自律型ロボットを（仮に作れたとして）作らねばならないのか？　現実の我々とともにあるロボットたちは、リモコン、遠隔操作のマニピュレータや、あるいはあらかじめ与えられたプログラムの範囲内で、限定的に臨機応変なはたらきをする半自動機械である。しかし、なぜそのレベルにとどめておいてはいけないのだ？　洗練させて自律性を高めたとしても、先に見たような低レベルの、高等動物——ペット・家畜レベルの知能ロボットでかまわないのではないのか？戦闘や災害対応、宇宙や海中での活動など、極限作業への対応は、半自動機械に任せるにはあまりに複雑で不確実であり、リアルタイムに自立的な判断で立ち向かうことが必要かもしれないが、現在のドローン戦闘機のような遠隔操作の非自律型ロボット、あるいはそれこそガンダム、マジンガータイプの、乗り物を使えばよいのではないか？

ひとつの解釈としては、本当の極限作業は、たとえ乗り物や遠隔操作ロボットを用いたとしても、人間には対応できない、という可能性である。たとえば現にジェット戦闘機の性能は、人間によく操縦できる限界を突破しつつある、と言われる。いわんや宇宙機ともなれば、人間の反射神経では対応できないスピードが普通である。また、遠隔操作にも当然ながら距離の限界がある。月軌道以遠のロボットを地球上からリアルタイム操作することなど、既知の物理法則の下では不可能だ。人間の対応可能な限界を上回る速度で、あるいは遠隔操作が不可能な遠距離で、人間同様に自律的な判断を適宜下して仕事ができる存在がいるとすれば、完全自律型のロボットか、あるいはサイボーグ、改造人間であろう。ただし改造人間は、機械的なものであれ生物工学的なものであれ、その基盤が普通の自然人である以上、その性能には（特に神経科学的な）限界があるだろうし、またそのような改造人間は、仮にたったひとつの極限作業用身体しか持たないのであれば、「怪物」となって「社会」から疎外されてしまう可能性が高い。それを回避するためには改造人間も、作業用ボディと生活用ボディを使い分けねばならないだろう。ここまでくれば、もし仮に完全自律型ロボットが可能であるとするならば、それでもがんばってサイボーグを使わねばならない理由が見当たらない。

さて、以上のように考えれば、果たして作者たる浦沢直樹、長崎尚志がどれほど自覚していたかどうかはわからないが、『PLUTO』の作中世界においてなぜロボットたちの多くが非常に人間的な姿かたちをしていたのか、の理由は大体において明らかである。このイメージは大変に示唆的であるが、HLMIロボットと人間が共存する社会が高い可能性でこのような形をとるであろうかどうかについては、私としては留保をつけておきたい。何となれば私は、人工人たるロボットの側からの人間、自然人への歩み寄りだけではなく、逆方向の可能性もまた軽視できないと考えるからだ。

先に、自然の脳神経をかなりの程度残存させねばならないであろう自然人出自の改造人間は、特に極限作業においてはどうしてもロボット(出自の人工人)に後れをとらざるをえないだろう、と示唆したが、人間が自己を改造する理由は、おそらくはやむにやまれぬ生存上の必要(宇宙植民者の場合に限らず、地球上においても、病者障害者高齢者を中心として、医療ニーズは最大のものであり続けるだろう)や、そこまではいかなくとも経済的利益のため、ビジネスのためというばかりではあるまい。サイボーグ技術が発展すれば、それこそ今日の美容整形の延長線上で、純然たる娯楽のため、あるいは当事者的には切実ではあれ、世俗的な意味で実用的とは言いがたいアイデンティティ追求のため――

宗教的情熱に駆られて、あるいは個人的フェティシズムを充足すべく——に身体を改造する人々が無視できない数で登場してくるであろう。

つまりは、ロボットが人間社会に合わせるために人間の姿かたちに合わせていく必要がある一方で、当の人間たちも、おのれの姿かたちを変えていくであろう、ということだ。

この『ＰＬＵＴＯ』に限らず、近年の文芸・エンターテインメントの一ジャンルとしてのＳＦにおいては、私の議論に大きな示唆を与えてくれるものが多い。とりわけ「宇宙ＳＦ」というジャンルの衰退と「サイバーパンク」「ポストヒューマン」の展開は、本書全体の展開を先取りしているとさえ言える。

以下、章を改めて瞥見しておこう。

6 「宇宙SF」の現在

6―1 宇宙SFの変質と解体

宇宙――宇宙開発、星間文明、異星人との接触といった主題系は、SFにとっておなじみのテーマであったし、ロケットによる宇宙飛行やスペース・コロニーのアイディアについてのコンスタンチン・ツィオルコフスキー、あるいは通信衛星や宇宙エレベーターについてのアーサー・C・クラークなどを見ても明らかなように、現実の宇宙研究や宇宙開発に指針を与えてきたこともあったのだが、近年やや存在感を弱めているように思われる。それはちょうど、有人宇宙ミッションの運命と平仄を合わせているかのごとくである。

マリナ・ベンジャミンのルポルタージュ『ロケット・ドリーム』(Benjamin [2003=2003]) は、従来考えられていたより宇宙航行は生身の人間にとってはるかに過酷であること(放射線被曝、無重力などの人体への悪影響等々)、地球外知的生命探査(SETI)が今のところほとんど成果をあげられていないことなど、現実科学における宇宙探査の困難が、創作としてのSFにも反映していることを指摘する。たとえば、テレビドラマではあるが、代表的な宇宙SFシリーズであったはずの『スター・トレック』においてさえ、新シリーズにおいては宇宙船内の娯楽用ヴァーチャル・リアリティ・ツールである「ホロデッキ」を中心に据えたエピソードが激増している。すなわち、物理的な宇宙空間は、ポップカルチャーにおける想像上のフロンティアの地位を、ヴァーチャル・リアリティたる電脳空間に譲渡しつつある、というのである。

宇宙を舞台とするSFがすっかり消え失せてしまっているわけではないが、明らかな様変わりは見られる。たとえば日本で独自に編まれたアンソロジー『ワイオミング生まれの宇宙飛行士――宇宙開発SF傑作選』(中村［2010］)に収録された作品の多くは「もしアポロ計画が二一世紀まで継続していたら」といった「歴史改変SF」である。そこでは宇宙開発は露骨に「過ぎ去りし未来」として扱われているのである。

むろんその一方で映画化(『オデッセイ』［二〇一五年］)されたアンディ・ウィアー『火星の人』(Weir［2014=2014］)や藤井太洋『オービタル・クラウド』(藤井［2014］)といった、近未来を舞台に厳格な科学考証を踏まえた宇宙小説も増えてはいるが、これは現実世界とはある程度断絶した架空世界を舞台とする典型的なSFというよりは、フレデリック・フォーサイス『ジャッカルの日』以降確立した国際謀略小説、なかんずくトム・クランシー『レッド・オクトーバーを追え!』以降のハイテク軍事スリラーの方にむしろ近く、「私たちのこの現実世界」(の自然な延長線上の近未来)を舞台とするリアリズム小説を志向していると考えてもよいのではないだろうか。異世界や非現実的な異物を主題とするのが典型的なＳＦだとすれば、それらは典型的なＳＦではなく、そこに描かれる宇宙は異世界ではなく、まさに我々の前にある現実である(1)。

本格的に同時代の宇宙物理学・天文学の成果を踏まえて、人類の宇宙進出や星間文明を描こうとする作品もあるが、今日では、そうした作品は同時にポストヒューマンＳＦとなってしまっていることが多い。たとえばスティーヴン・バクスター『タイム・シップ』(Baxter［1995=1998］)はＨ・Ｇ・ウェルズの古典『タイム・マシン』の続編という体裁をとっているが、そこに描かれる超未来では、人類の子孫が自己複製能力を持つ自律型ロボット宇宙船を飛ばして、数百万年をかけて銀河全体を植民地化している。しかしながらそこには現存人類と同じ身体を備えた「人間」はもう存在していない。銀河のあらかたの星はダイソン・スフェアで囲まれ、星空は暗い。

もう少し我々に近しいポストヒューマンたちの宇宙進出を描く作品としては、たとえばグレッグ・イーガン『ディアスポラ』(Egan［1997=2005］)があるが、ここでのヴィジョンも相当に異様である。そこで描かれる未来の地球と太陽系では、遺伝子操作によって身体を改変しているが、なおＤＮＡベースの普通の「生物」として地球上で生活する「肉体人」、機械の身体を持ちコンピューターの上で「心」を動かしている自律型ロボットとして、主に地球外で生活する「グレイズナー」、そして機械の身体さえ持たない純然たるソフトウェア(我々のインターネット用語で言えば「ボットbot」)として、地球上にメインマシンを置きつつ太陽系中にバックアップ機構を備えた電脳空間「ポリス」で暮らす「市民」の、大まかに言って三種類の「人間」が存在する。この地球がある日、予想外のガンマ線バーストの直撃を受けるが、直接的に壊滅的な被害を受けるのは「肉体人」たちだけである。にもかかわらず、既知の物理学による予想を覆して起きたこの現象の真相を解明するために、「市民」たちもまた単なる観測にとどまらない、より能動的な外宇宙探査計画を実行する。

「市民」らの宇宙船は基本的には先述のロボット宇宙船と変わらない。ただしそこに乗せるデータは自分たちの「ポリス」そのものである。一千個の「ポリス」のクローン・コピーを載せた宇宙船がめいめい勝手に宇宙を探査するが、航行自体は心を持たない自動メカニズムに任され、興味深い対象にあたったときのみ「市民」たちが覚醒する、という仕組みである。「ポリス」の「市民」たちの多くは、かつては「肉体人」であり、死に際してソフトウェアに移行した存在であるため、「肉体人」由来の伝統的な心理やアイデンティティをなお引きずっているが、それでもその死生観は、このようにコピー増殖や中断、再生を許容する以上、有限な一本道の生を送る我々のそれとは、相当に異なったものにならざるをえない。

既知の物理法則によって禁じられている超光速での宇宙航行の可能性はもちろんのこと、物理法則が許容する亜光速航行でさえ、充分に実現可能な技術構想としては、現在のところその目途は立っていない。ひところは亜光速飛行による「ウラシマ効果」で、少なくとも宇宙飛行士当人にとっては、生身の人間の寿命が十分許すスケジュールでの恒星間航行が可能となる（百光年単位の旅でも、宇宙船内部の経過時間は数年単位以下にできる）、と想定され、この設定に基づく宇宙探検SFも数多く書かれたが、現実的に考えると燃料・推進剤が膨大となるという問題、宇宙船の速度を上げると微細な星間物質との衝突さえ致命的となるという問題、またそれらを同時に解決すると思われた、星間物質を燃料とする「バサード・ラムジェット」方式にも、先にも少し触れたとおり、具体的に様々な難点が指摘されたことなどから、いつしかこの「ウラシマ効果」ものも流行らなくなってしまった(2)。

また、宇宙観測の進歩によって、すでに太陽系外に多数の惑星の存在が確認されているものの、いまだに文明、知的生命の徴候さえ発見できない。そのような状況下で、宇宙は徹底的に人間向きの環境ではないという認識が、フィクションの世界にさえ浸透しつつある。そのなかで外宇宙を舞台にした物語を紡ごうとするならば、その主人公たちは、今ある人間とは大いにその性質が異なった存在として想定せざるをえない――現代ＳＦ作家の少なからずは、その認識に到達しつつあるようだ。すなわち、今後宇宙ＳＦは、ポストヒューマンＳＦになっていかざるをえないのではないか、と。

たとえばバクスターやイーガンの宇宙植民システムをかえりみてみればよい。そこにおける宇宙船は、「有人」船でさえ、実際には生身の肉体を備えた人間を乗せていない。それゆえに、人間の生存を維持するに足るサポートシステムを搭載する必要もない。平たく言えば、人間（ならびにその周辺）の情報を維持するに足るコンピュータ・システムしか搭載する必要がないのだ。だからそこで想定されている宇宙船は、信じられないほど小さく、軽い――それこそ生身の人間程度の質量しか想定されていない。それを推進するのに必要な燃料・推進剤も、勢いごくわずかとなる。乗員が物理的に帰還する必要がない――どうしても地球に「帰還」したければ、行先での学習成果を取得した人格データを、通信機で返信すればよい――ことを考えれば、極端な話、燃料・推進剤を積載せず、カタパルトで打ち上げるだけでもよい。このようなシステムをとるのであれば、亜光速航行もそれほど困難ではない。

超人類ＳＦ

「ポストヒューマン」の流行以前の従来のＳＦにおいても、生物進化のイメージを人間の未来に投影した「超人類もの」とでも言うべきジャンルは存在した。しかし二十世紀半ばまでのそれは（しばしば核戦争などの放射能汚染の結果増大した）遺伝的突然変異によって、超能力――ＥＳＰ、念力など――を備えるようになった新たな人類の変種を主人公とするものが典型であって、非常に限定され、偏向したものであった。その流行は文化史的に見れば、ダーウィニズムの通俗的理解という土壌の上に、十九世紀末のオカルト・心霊ブームが折り重なってできあがった、多分に偶然的な現象であったと言える。たとえばＳＦのみならずミステリーの先駆者・プロトタイプ確立者であるアーサー・コナン・ドイルの晩年における心霊主義への傾倒は有名である（かの『ロスト・ワールド』に連なるチャレンジャー教授シリーズの掉尾を飾る『霧の国』（Doyle［1926=1971］）のテーマは、死後の霊魂の実在である）。また「科学的にリアルなＳＦ」を志向したアメリカＳＦ中興の祖というべき編集者Ｊ・Ｗ・キャンベル・ジュニアが、科学趣味と同時に心霊趣味に浸かっており、超能力を「非科学的」と排除しなかったことも興味深い。もちろん第二次大戦以降は、原子爆弾以降の核戦争への不安も貢献しているし、さらにはホロコースト、公民権運動を通過することによって人種問題のメタファーとしてもはたらいている。

こうした「超人類」というテーマと、宇宙の歴史についてのスペキュレーションを交錯させる作品もまた、枚挙にいとまがない。スペース・オペラ（「宇宙を舞台とした西部劇 horse opera」、つまり宇宙冒険ＳＦ。映画『スター・ウォーズ』はこの伝統に連なるものである）の古典とされるＥ・Ｅ・スミスの「レンズマン」シリーズは、進化の果てに超能力によって宇宙の覇権を握った二大種族による代理戦争として銀河系の歴史を描くが、そこで活躍する戦士たち——覇権種族によって進化の過程に介入され、選抜育成された有望種出身のエリート——もまた当然知的に超テクノロジーのみならず超能力を駆使する（「レンズマン」の「レンズ」とはＩＤカード兼テレパシー通信機であるが、トップクラスのレンズマンや一部の種族はレンズなしでも超能力を発揮する）。下っては戦後ＳＦの黄金期の立役者のひとりとされるアーサー・Ｃ・クラークが、こうした志向の代表者とみることができる。代表作たる『幼年期の終わり』（Clarke［1953, 1990=2007］）はもちろん、スタンリー・キューブリックの映画『２００１年宇宙の旅』の小説版（Clarke［1968=1993］）に始まる連作には、進化の果てに生命が知性を、さらには霊性をも獲得するというティヤール・ド・シャルダン風のヴィジョンが色濃く出ている。

日本においても小松左京の最盛期の作品には、そうした発想が濃厚に見られる。代表的長編のひとつ『果しなき流れの果に』（小松［1966］）のほか、中編「神への長い道」（小松［1967］）などが宇宙における知性の進化と霊性との関係についての思弁を展開した代表作である。まんがにおいても石森（石ノ森）章太郎の作品、たとえば『リュウの道』（石森［1969–70a］）、『サイボーグ００９　神々との闘い篇』（石森［1969-70b］）を挙げることができよう。

6−2　ポストヒューマンSFの台頭

ドーキンス革命とサイバーパンク

しかしながら今日「ポストヒューマン」と呼ばれている問題群は、そうした従来のオカルト的「超人類」とは一線を画す——とは言わないまでも、やや異なった方向を向いている。物理法則を逸脱した心理現象としての「超能力」はもはやほとんど主題とはならない。そこでは自然な生物進化とともに、というよりそれ以上に人為的な技術による人間ならびに人間以外の生物、生態系の改造の可能性が語られる一方で、生命現象を本質的に情報−計算過程とみなすリチャード・ドーキンス（Dawkins［2006=2006］）以降の生命観の転回を承けて、従来「ロボット」として「超人類」とは別カテゴリーに入れられていた問題群が、あわせて語られるようになった。

すなわち、生物は「自然発生した自律型ロボット」として、逆に（自律型）ロボットは「人為的に作られた擬似生物」として、存在論的に連続したものとして描かれるようになった。のみならず、「心」もまた、生物−ロボットを動かすソフトウェアの一種として理解され、そのソフトを物理的な実体としての生物−ロボットに実装する前に、あるいはそもそも実装せずにシミュレーションとしてのみ動かす、というアイディアとして、古くからある「人工知能」の概念も更新され、その副産物として「人工生命」なる概念が生じる。さらにまた、この生命シミュレーションが機能するためには、当然それを取り巻く「環境」「世界」のシミュレーションもまた必要となる。この「世界」シミュレーション＝サイバースペース（電脳空間）を、生身の人間がデバイスを介して体験する、というのがいわゆる「ヴァーチャル・リアリティ」である。

これら「ポストヒューマン」の問題群は、創作の世界では八〇年代のいわゆる「サイバーパンク・ムーヴメント」においてほぼその原型ができあがっている。ブルース・スターリング『スキズマトリックス』（Sterling［1985=1987］）では、宇宙に進出した人類が生物工学的に自らを変容させていく様を描き出し、ウィリアム・ギブスン『ニューロマンサー』（Gibson［1984=1986］）では、ヴァーチャル・リアリティ世界での生活が現実の物理生活と同等かそれ以上の意義を持つようになってしまった人々が描かれた。さらにグレッグ・ベア『ブラッド・ミュージック』（Bear［1985=1987］）では、遺伝子操作の結果誕生した知性を持つ細菌が、地球上すべての生物を取り込んで一個の巨大なコンピューターと化し、内部で延々と――一人ひとりの人間の意識をも含めた――世界シミュレーションを反復するようになる。これらの作品群の背後には、ドーキンスによる生命＝情報観やそれを受けたダニエル・デネットの「神経系上のヴァーチャル・マシーンとしての意識」論（Dennett［1993=1997］）、そしてそれを取り巻くいわゆる「認知革命」が着想源として存在する。先述のイーガンの作品もまさしくこうした流れの上に位置づけることができる。

こうした「サイバーパンク・ムーヴメント」に少しく先行した流れとしては、ジョン・ヴァーリイの「八世界」連作（Varley［1978=1980］、ヴァーリイ［2015］［2016］）もまた忘れがたい印象を残す。正体不明の侵略者によって地球を追われた人類は、太陽系近傍を通過する謎のレーザー通信「へびつかい座ホットライン」を解読して得られたテクノロジーをもとに、月や火星、金星、さらには木星の衛星や小惑星帯のドーム都市やコロニーを拠点として、サイボーグ手術や遺伝子改良などの措置を自らに施すことによって環境に適応し、生きのびていく――というその設定は、七〇年代においては非常に先駆的なものであった。しかしながらヴァーリイの「八世界」においては、性転換やクローン、人工臓器がどれほど多用され、人体が改造されようと、ヒトの遺伝子それ自体に対する直接的な操作に対しては強烈な禁忌が課せられていた。改造によっていかに怪物的な身体に変容しようと、それは機械の人体への接続や、せいぜい臓器、細胞レベルの改造にとどまり、ヒトのＤＮＡそのものの改変は堅く禁じられる世界が描かれていた。しかしながら「サイバーパンク」以降、こうした禁忌はやすやすと踏み越えられた。そして、自然な人間と遺伝子レベルでの改造人間との差異どころか、人間とロボット、さらにはソフトウェアの間の差異でさえトリヴィアルなことに過ぎない世界へと、現代ＳＦは到達してしまったのである。

「宇宙人」はどこへ？

そのような展開のなかで、宇宙を舞台にしたＳＦにおけるかつての最重要テーマであった異星人、地球外知的生命との接触、交渉という主題系も、昔に比べるとやや存在感を落としているように思われる。

かつてのスペース・オペラにおいては、知的生命でいっぱいの宇宙は、そのまたたくさんの民族、たくさんの国家が相争う地球の人類社会のメタファーであり、異星人との接触という主題は、超人類やロボット同様、人種・民族問題の寓話であった。この伝統はそれなりに豊かな成果を生んでおり、たとえばミリタリーＳＦの古典ジョー・ホールドマン『終わりなき戦い』（Haldeman［1974/1997=1980］）や、オースン・スコット・カードの『エンダーのゲーム』（Card［1985=1987/2013］）に始まる連作、さらに近年ではジョン・スコルジーの『老人と宇宙《そら》』（Scalzi［2005=2007］）以降の連作が興味深い。しかしながら、そのような単なるメタファー・寓話を超え、我々人間の知る地球とは異質な世界における異質な生命、知性についての生真面目な思考実験に挑み、そこから逆に「そもそも人間とは何か？」という哲学的主題へと挑戦するシリアスな作品群もあった。なかでもスタニスワフ・レムやストルガツキー兄弟の作品は、アンドレイ・タルコフスキーによる映画化（レムの『ソラリス』（Lem［1961=2003］）、ストルガツキーの『ストーカー』（Strugatsky［1972=1983］）のおかげもあって広く注目され、尊崇を集めた。だが、現代ではこうした異星人というモチーフは、娯楽作品としてのスペース・オペラにおける「お約束」として登場する場合を除けば、ＳＦにおける存在感を以前に比べれば減じている（そのなかではたとえば我が国の野尻抱介『太陽の簒奪者』（野尻［2002］）は貴重な例外である）。なぜだろうか？

先述した現実のＳＥＴＩがすでに長い歴史を有しながらも、言うに足る成果を依然上げていないこと、それを踏まえつつ今日の宇宙論が、宇宙における知的生命の希少性の方にむしろコミットしつつあること（この辺については Webb［2002=2004］［2015］が啓発的である）は、確実にこの傾向に対して影響している。しかしそれだけではない。シリアスなＳＦにおける、人間とは異質な「他者」としての役割を、異星人に担ってもらう必要がなくなってきた、ということでもある。すなわち、我々人類の文明が、その存続の間に宇宙の他の天体出身の生命、知性、文明と出会う可能性は、従来考えられていたよりも低いことがわかってきた一方で、我々人類の文明が今後とも続き、生きのびていくのであれば、そのなかで我々現在の人類の広い意味での子孫、後継者たち（そのなかにはロボット、ボットも含まれる）は、文化的にのみならず、心理的、生物学的、あるいはそれこそ哲学的にも、現在の我々とは極めて異質な（すなわち、ポストヒューマンな）存在へと変容していくだろうこともまた、わかってきたからである。

考えてみれば、従来の宇宙ＳＦにおいて「超光速」という設定がしばしば採用されてきた理由は、宇宙空間を現在の、生身の人間にとって横断可能とし、生身の人間を主体とする恒星間文明社会を可能とさせるための便法であったことがわかる。(3)「異星人で一杯の宇宙」という設定もまた、宇宙空間が単なる観測や、せいぜい心なきロボットによる探査にとどまらず、実際に生身の人間がそこに足を運ぶに足る――自分と同じく「心ある者」に出会いうる空間であるためのものだったのだ。二十世紀後半以降の現実の科学の発展は、そうした想像力の余地をどんどん掘り崩していった。しかしながらその代わり、別種の「異様なるもの」の可能性が我々の眼前には立ち現れつつある――宇宙ＳＦの発展と変容の歴史は、そうした示唆を与えてくれる。

　こうした現代ＳＦの動向は、前章までの私の考察と平仄を合わせたものになっていると言えないだろうか？　なんとなれば、人類が宇宙に進出したとき、そこで異星人（エイリアン）に出会うことができるかどうかはさだかではないが、成功裡に宇宙に進出しえたとき、その人類（の末裔）は、我々現存の人類にとっては、まさしく異質な存在（エイリアン）になっているはずなのだから。

7　リベラリズム再審

7－1　「飛躍」の論理

まとめに近づいたので再度確認しておくが、ここまでの議論には、ある前提が置かれている。つまりそこでは、人類社会は総体として自由な市場経済中心の経済システムの下にあり続けるのみならず、それを支える「法による支配」、おそらくは多元的なリベラル・デモクラシーもまた維持されている、と想定されているし、非常におおざっぱな意味でのリベラリズムの道徳思想、つまりは自由権を中軸とする基本的人権の平等な保障が、支配的な政治理念であり続けている、とも想定されている。もちろんそうした議論の運び方は、この思弁を現在遂行しているほかならぬ我々自身の道徳的理念を保持したうえで、そこから許容しうる未来（我々にとって望ましい、とは言わないまでも、許容可能な未来）について構想している、ということを意味するが、それとは別に、客観的な事実判断として、将来の人類社会が、たとえ本格的な宇宙進出を遂げ、あるいはヒューマン・エンハンスメント技術やロボット技術を劇的に発展させようとも、基本的には市場経済と法の支配を軸とする文明であり続けるだろうし、リベラルな道徳理念は影響力を持ち続けるだろう、と予想しているということでもある。すなわちそこでは、宇宙進出はあくまでも人間の自由意志に基づく営為としてなされる、と想定されている。個人的なものであれ公共的決定であれ、人間の責めには帰すことのできない自然現象によるものを除いては、人間の意に反した強制力ははたらいてはいない、と考えるのである。すなわち、天文学的・地球科学的なスケールでの大災害といった要因によって、地球が人間にとってそこでの生存が不可能ないしそれに近い状況に追い込まれる、という可能性は、直接的なレベルでは考慮の外に置いている(1)。

そのうえでさらに私は、上記のごとき大災害の可能性を括弧にくくったうえでなお残る、人類の大規模な宇宙進出を促す最大の要因として考えられていた人口爆発についても、その可能性を過度に深刻に受け止めるべきではない、と考えた。生態学や経済学の成果を踏まえて人口転換の過程を総体として見たとき、人口爆発それ自体は永続的ではなく過渡的な現象であり、人類史の現局面はすでにポスト人口爆発の局面に移行しつつある、と私は考える。すなわち、新資源の開拓や技術革新による生産性の向上が人口増加にではなく一人当たりの生活水準と人的投資の増加に振り向けられる局面に、いわゆる先進諸国はすでに到達して久しく、途上国についてもそこへの収斂傾向が見られる、と。

地球外の宇宙に居住スペースや資源を求めて物理的に移動しなければ生存が危ぶまれるような人口危機が到来しないとしたら、宇宙開発は主としてどのような動機で行われるだろうか？　単なる生存動機というよりは、知的探究心をも含めた、生活水準の向上がやはりその主動因となるだろう。しかしながら、地球に居住しつつ地上から宇宙開発に間接的に、あるいは無人ミッションに関与する場合はともかく、実際にその身体を外宇宙にさらし、そこで持続的に生活し経済活動を行うことと、この生活水準向上という動機付けとは、どの程度両立しうるだろうか？　自ら費用・リスクを負担する娯楽として、宇宙に出ることを自己目的化する人々は一定数存在するだろうが、そうではない普通の人々にとって、職業・キャリア選択における通常の可能性として、宇宙環境での経済活動が選択肢となるためには、相応の報酬やキャリア展望が必要となると思われる。

このように宇宙開発における人的コストは極めて高いものとなると思われるが、これをヒューマン・エンハンスメント技術やロボット技術の援用によってどの程度緩和することができるだろうか？まず、ヒューマン・エンハンスメント、つまりは外宇宙活動に適応できるように人間を改造する可能性であるが、仮にそうした改造が、直接的には——自然人を外宇宙から保護する人工環境の開発維持に比べて——安くついたとしても、そうした改造が対象者を既存の人間社会に対して適応しにくくするリスクが高い以上、その受忍、補償や予防のためのコストを考えれば、総体としては安上がりとは必ずしも言えない、と思われる。

あるいはそもそも総体としての人間社会において、宇宙開発目的以外の多様な理由で、それこそ非実用的な娯楽や趣味嗜好からするものまで含めて、ヒューマン・エンハンスメントがごく当たり前のものとなり、生物的・物理的に多種多様な形質を備えた「人間」が普通に共存する環境ができあがっていれば、過酷な深宇宙ミッションへの自発的志願へのハードルが自然人より低い人々が多数存在するようになるだろう。そうすれば深宇宙ミッションの人的・社会的コストは一気に低減できる。しかしながら、そうした社会的環境整備を宇宙開発のために行う、というのでは本末転倒である。我々が今後とも大枠においてリベラルな政治経済秩序が維持されると予想し、またそれを望む以上、そうした社会計画にコミットすることはできない。そうではなく、仮にそのような社会的環境が自生的にできあがっていれば、それはヒューマン・エンハンスメントによる宇宙開発にとって好適な環境をなす、と言いうるのみである。

ロボットについても、単独で判断し行動決定を行える自律型の、そして場合によっては自己複製的なタイプのものについて考えるならば、ほとんど同様のことが言える。仮に宇宙向けの自律型ロボットの直接的な開発製造コストが、——やはり先と同様、自然人のための人工環境の開発維持コストと比較して考えて——安くついたとしても、そうしたロボットを我々は「人間」ないしそれに準じたものとして処遇しないわけにはいかない。とすれば、改造人間の場合とはやや異なった様態のものではあれ、そこにも社会的適応のための間接コストが必要となるはずである。さらに先のエンハンスメントの場合と同様、そうしたコストは、あらかじめ、宇宙開発以外の多種多様な用途のために、自律型ロボットが普通に存在する社会環境ができあがっていれば、かなり低まるはずではあるが、「宇宙開発のためにそうした社会環境を整備しておく」という戦略は、リベラルな政治理念とは両立しない。

以上の議論を逆から見るならば、自然人の改造としてのヒューマン・エンハンスメントはもとより、「人工人」としての自律型ロボットの開発製造が普通に行われ、生物的、物理的、心理的に多種多様な「人間」が共存しているリベラルな社会のもとでは、宇宙開発の心理的・社会的コストは「自然人」が大多数を占める社会に比べて、大幅に低くなるであろう、ということになる。ただし、そのような社会秩序は——とりわけ、我々が想定するリベラルな秩序の延長線上で果たして成り立ちうるのか、については、すでにある程度の想像をめぐらしてはみたものの、別途体系的に主題化しなければならない。

たとえば私はすでに5章において、人造人間、自然人に対するのと基本的には同様の道徳的処遇をしなければならないようなロボットについて考えてみた。その結果、そこには宇宙植民と極めて似通った構造が浮かび上がってきた。すなわち、単なる道具ではなく、それ自体を道徳的主体として扱わねばならないような人造人間たるロボットは、当然のことながら何か別の目的に対する手段として開発し運用するわけにはいかない、ということである。高度な自律型ロボットがいれば宇宙植民は容易となるだろうし、逆に高度な自律型ロボットが、ほかでもないそこでこそ突出した優位を発揮できる（普通の人間と人間が道具として使う機械・低機能ロボットにはできないことができる）領域として、宇宙植民は想定できる。しかしながらその両方を一度に実現させるという飛躍が、いかにして起きうるか？ということ、なかなかに想像しづらい。

7-2　応用（宇宙・ロボット）倫理学から倫理学原理へ

リベラリズムを裏返す

そのうえで以上の考察の、倫理学プロパーにとっての意義についてもあらためて確認しておこう。

ここまでの議論はオーソドックスなリベラリズムの道徳哲学の枠内から踏み出さないようにと心がけて論じられてきたが、それでもやはり宇宙開発やロボット、ヒューマン・エンハンスメントについて真剣に考えることは、リベラリズムの枠自体を揺るがさずにはいないことも明らかになってきたかのように思われる。

そもそも従来の、国家主導の有人宇宙開発は、かなりの程度リベラリズムから離れて、個別具体的な自然人の権利や尊厳とは区別された、国家の、あるいは全人類の利益とか尊厳とか栄光とかいった理念に先導されたからこそ、あるいはまた国家レベルでの安全保障上の問題関心もまたからんでいたからこそ、十分な公共の利益をそれが帰結するかどうかの批判的検討を不足させたままに進められたのであり、それへの反省もあってことに冷戦終結以降は、宇宙の学術研究や商業利用自体は隆盛しつつあるにもかかわらず、有人宇宙ミッションそのものは低調なのであろう。

これまで「リベラリズム」と呼んできたものの具体的な内実は、あくまでも自然人個人の権利なり幸福なりを本位とする道徳哲学である。そこでの眼目を「権利」と置くのかそれとも「幸福」と置くのかで大きな対立、論争があるとはいえ、すでに触れたように「あるがままの人間性、人間のありよう」を尊重し、それに対して強制的な介入を控える、という立場は、様々なリベラリズム論者の間で最大公約数的な合意に近いものとなっている。(2)このようなリベラリズムの立場からすれば、個人がそれぞれ自己の価値観と欲望に従って自由に行動することは、それ自体で肯定されるべきことであるし、また大体においてそのように各人の自由を尊重することが、実は人々が共存する社会全体の公益に資する可能性が高い、とされる。こうした個人の自由を制約し、人々になにがしか強制を行うことは、あくまでもこうした、人々の自由が最大限両立するような社会の枠組みを守るために、あるいは各人の自由に任せていてはうまく実現しないが、結果的には人々の権利や利益を守るのに資するような特殊な事業のためにのみ正当化される、とリベラリストは論じる。具体的には公共財の供給や、公害の防止などがそれにあたる。

私がここまで論じてきたことを言い換えると、宇宙植民まで含めて有人宇宙開発は、必ずしもこの意味での公共財の供給とはならないのではないか、ということである。公共財としての宇宙システムをもちろん我々はすでに享受しているが、それらは科学的宇宙探査にせよ、衛星システムによる通信や資源探査にせよ、基本的には無人システムで用が足りている。仮に太陽光発電や、あるいは小惑星鉱山の利用が将来行われるとしても、それらは恒久的な地球外生活拠点としてのスペース・コロニーを必要とするとは思えない。むろんそうした宇宙植民の試みは、自己の費用とリスク負担のうえで、公害を引き起こさない範囲で行われるのであれば、禁圧される必要はないが、国家や人類社会レベルでの公共事業としてなされねばならないかというと、相当に疑わしい。

逆に言えば、仮に有人宇宙ミッション、そして宇宙植民を積極的に公的営為として正当化するような倫理学、政治思想があるとすれば、それは公的ミッションとしての宇宙進出のために、個人の権利や福祉を犠牲にすることを求める、リベラルではないものになるだろう。とはいえそのこと自体は、私はさほど重要な問題だとは思わない。私は人類の宇宙進出を優先的な課題としてまず立て、それを正当化する理屈を探ることを目的としていたわけではない。逆にリベラリズムというある特定の、しかしなかなかそこからは逃れがたい魅力を持つ立場から、宇宙植民という夢をいわば審問にかけ、そして否定的とは言わないまでもかなり懐疑的な結論を得てきたのである。そしてその審問において、宇宙植民構想の側から、リベラリズムのおかしさや限界を撃つような問題提起が浮上してくることもなかった――大体においては。

しかしながら私は、リベラリズムと宇宙植民が両立しうる隘路を探るなかで、今日いわゆる「ポストヒューマン」状況が全面化する社会が到来するとすれば、そこではサイボーグやロボットを主役とする「有人」宇宙開発、宇宙植民がある程度の規模で行われる可能性がある、と論じた。しかしながら「ポストヒューマニティ」を真に受けることは、リベラリズムにとって何を意味するのか？については、私はまだ十分に検討していない。

人々が自己の費用・リスク負担において自己を改造するという営みについては、たとえば「愚行権」つまりは「自己決定」の論理の延長線上で正当化が可能であるから、いわゆる「ヒューマン・エンハンスメント」は個別具体的にはともかく、その大枠の原則レベルでは、リベラルな社会においても容認される、という考え方がある。むろんそれが人々の間の格差を拡大する——今日の教育＝人的資本の蓄積のレベルにおける格差を、さらにひどく悪化させる可能性は否定できないが、ではそれに対して「教育の格差の是正と同様に、人間改造の格差についても再分配政策による是正をすればよい」「安価で容易なエンハンスメントを普及させればよい」と応じられたとき、リベラリズムではそれに抵抗できまい。

しかしながらこうしたエンハンスメントがすでに生まれた個人のレベルで完結するのではなく、つまり自立した大人の自己改造にとどまらず、自立していない子どもへの一方的操作として、より具体的には遺伝子工学を用いた優生学的手法でなされる場合は、いわばこの「自己決定」の論理をはみ出さざるをえない。生まれてこようとする子どもは、絶対的に受動的な存在として、自己の誕生について何ら「自己決定」ができない。そして同様のことは、ある意味で改造人間の場合以上に深刻に、自律型ロボットの場合にもあてはまるだろう。子どもや開発途上のロボットは受動的な存在であり、リベラリズムが得意な「権利」の論理だけではその利益も尊厳も守ることはできない。基本設計はすでに自然によって成し遂げられている人間の子どもの場合にはまだしも、ロボットの場合には、製作者たちが自らを神と勘違いする誘惑は大きいだろう。

「自立した大人」の権利を尊重し、守る際のベースラインは、まずは「放っておくこと」「余計な介入をしないこと」から出発すればよいかもしれないが、幼い子どもや製作中・開発中のロボットはそうはいかない。どうしても先行する「自立した大人」が介入して、「自立した大人」としての具体的なありようを示し、能力をつけさせていかなければならない。しかしながらそうした介入＝「教育」において、それが暴力的な逸脱にならないようにするにはどうしたらよいのか？

「行いの倫理学」と「人となりの倫理学」（1）——リベラリズムと徳倫理

現在の倫理学、政治哲学においても「子どもや障害者の権利と尊厳を守るための枠組みとしては、リベラリズムには不十分なところがあるのではないか？」と論じられている。親による子どもの教育と同様、人間の改造や自律型ロボットの開発については、そのいわば「暴走」を避けるべく、関係者の「自己決定」「当事者主権」に完全には委ねることなく、何らかの外在的、超越的な価値によってタガをはめる方がよいのではないか、という理屈には、直観的な魅力がある。しかしながらその「価値」をどこから持ってくるのか、が大きな難問である。時の試練に耐えた伝統的な宗教が、おそらくその際に出番を主張してくるだろう。それに対してリベラリズムとしては、それら宗教の主張する価値の無根拠性を難じることはできても、それに対する十分なオルタナティブを提示できるかどうかは心もとない(3)。

リベラリズムの倫理学とは、「権利」に照準するいわゆるカント主義（3－1で触れた「権利」道徳に対応する）やその現代版としてのロールズ主義にせよ、「幸福」に照準するいわゆる功利主義（今日の代表者としてたとえば Singer［1993=1999］）にせよ、大体において「行為の倫理学」であると言える。

カント主義と功利主義の対立は、行為の価値、正当性をそれが現実にもたらした帰結、効果によって測る（功利主義）のか、それともよき結果を志向した意図、動機によって測る（カント主義）のか、というものであって、評価の対象を行為に置くことに違いはない。どちらかというと功利主義が個々の行為の具体的な帰結に、カント主義が行為の一般的形式に焦点を当てるという違いはあれ、いずれにせよ、道徳的な評価の対象となり、導かれ規制されるべき対象は人の行為であって、人の性格、人柄、「人となり」、人格そのものではない。特にカント主義の場合、個々人の人格はその尊厳が無限大であって、評価しようがないほど価値があるものとして、いわば評価の埒外になってしまう。言ってみればそこでは人間とは、ただ生きているだけ、存在しているだけで何にもまして素晴らしいのであり、そのこと自体にはあれこれと注文も難癖もつけようがない。それゆえ具体的に道徳的評価と指導の対象となるのは行為の方であって、行為者、行為の主体のまるごとの性質ではない、ということになってしまう。

しかしながら、「善い行い」「悪事」という言葉づかいがまったく正常なものであるのと同様に、「善人」「悪人」あるいは「立派な人」「下種」といった語法もまたごく普通のものである。しかし、これを「学」としてより理論的に掘り下げようとするならば、この二通りの言葉づかいの間の関係をより見通しよく整理せねばならない。というわけでさしあたり、より基本的、典型的な道徳的単位はどちらなのか、道徳的評価がはたらく基本的な水準は行為のレベルなのか、行為者のレベルなのか、という問いが立てられうる。

一見するとここで後者、行為者のレベルに照準するタイプの倫理学、道徳理論の方が、歴史的に見れば、また地理的に見ても多数派、支配的であると言えそうだ。それどころか、それにコミットする論者に言わせれば、より正統的な、オーセンティックなものだ、ということになる。これは今日風に言えば徳倫理学(virtue ethics)である(3－1で触れた「人格」道徳に対応する)。個別の行為よりもそうした行為をする能力、資質としての徳(virtue)の方に道徳的評価の焦点を合わせ、個別の行為よりもそれをなした主体の性質、その「人となり」にこそ道徳的価値(道徳的性質)を帰属させるという発想は、西洋の道徳思想においては、仮に学的、理論的なそれに限定したとしても、それこそアリストテレス『ニコマコス倫理学』にまで遡りうるものである。また中国においても、儒教的統治思想の特徴としばしばいわれる(「法治主義」と対比される意味での)「徳治主義」の発想などは、広い意味での徳倫理学と言えなくもない。

それに対して前者、行為者やその性質にではなく、個別の行為に照準するタイプの倫理学には、先にも触れた、一見互いに対極に立つライバル同士であるカント主義を中心とする義務論(deontology, そしてその裏返しとしての権利論――「権利論」の典型は、義務の中軸が他人の権利の尊重、そして各人の権利の相互尊重であるような、特殊なタイプの義務論である)的な倫理学と、ジェレミー・ベンサム以降の功利主義(utilitarianism)を典型とする帰結主義的倫理学がともに含まれる。

二十世紀末に規範倫理学と政治哲学の大々的な復興をもたらしたジョン・ロールズの『正義論』(Rawls［1999=2010］)は、権利、ならびに権利主体としての人格の尊厳、の概念を基軸にカント的な倫理学を復権させ、特に当時の英語圏において有力だった功利主義を批判しようという試みとして理解されることが多く、実際その後、ロールズ主義（さらにカント主義）・対・功利主義（を含めた帰結主義）の論争はアカデミックな倫理学・政治思想シーンを主導し、その影響は英語圏を超え、また狭い意味での哲学の枠内にとどまらず、経済学を含めた社会科学・政策科学全般にまで及んだ、とされる。

しかしながら徳倫理学の立場からすれば、ロールズ主義と功利主義の両陣営は、道徳の焦点を、人格的存在者それ自体、その丸ごと総体から、個別的かつ断片的な行為へと移動させた、という点においては同じ穴のムジナであり、両者の対決はあくまでも、共通の土俵を踏まえたうえでのものである、というわけなのだ。近代、十八世紀啓蒙以降の道徳理論の主流はこの両者、カント的義務論とベンサム以降の功利主義なのだが、徳倫理学は、その両者を、それらが踏まえる土俵ごとひっくり返そうとしている。

このように整理すると、この対立はまずはメタ倫理学的なもの、つまりは「そもそも道徳とは何か、道徳的であるとはどのようなことか」をめぐる存在論、認識論上のものである、と言えよう。しかしながら功利主義とカント主義、そして徳倫理学の三すくみの対決は、むしろ規範倫理学のレベル、つまりは「道徳的な観点から見て人は何をなすべきか、人は、そして社会制度はいかにあるべきか」という、人としてあるべき道、社会のあるべき姿についての具体的な行動指針を示す実践哲学レベルでの対立、論争とみなされることが多い。

この規範倫理学、そして政治哲学のレベルでは、功利主義とカント主義はともに広い意味での「自由主義（liberalism）」陣営に属し、それに対して徳倫理学は共和主義（republicanism）ないしは共同体主義（communitarianism）を標榜することが多い。(4) すなわち、功利主義もカント主義もともに、各個人の私生活における、それぞれの幸福の自由な追求を支えるインフラストラクチャーとしての統治、にコミットする自由主義であるのに対して、徳倫理学のコミットする政治構想は、各人の公的生活、政治への積極的な参加、それを通じての徳の発露としての共和主義である、というわけだ。

「行いの倫理学」と「人となりの倫理学」（2）――道徳の存在論

しかしながら先に見たように、これら三陣営の対立は、そもそも道徳の本性とは何か、人間とはどのような存在か、についての理解をめぐるメタ倫理学レベルの対立をもはらむものでもある。すなわち、道徳的性質の担い手が個別の行為なのか、それとも行為の主体の方なのか、という対立は、さらにそこから、そもそも行為とその主体との関係についてどのように理解するか、をめぐっての対立へと発展させていくこともできるからである。

たとえば、もっとも単純にはこうだ。一方に「「行為」なるものを独立した存在者とみなすことを拒絶して、存在者としての資格を行為者、行為主体としての人格的存在者にのみ認め、行為能力（徳）をその性質とみなす」という立場が考えられる。時間のなかでそのアイデンティティを安定的に保つ、常識的な意味での「もの」であるところの人格の方は存在者として認めるが、時空的に局在する、持続しない過渡的な出来事に過ぎない行為の方は、存在者として認めないか、あるいはそれもまたある種の存在者として認めるが、あくまでもそれは人格的存在者という、より基底的な単位の下位部分でしかなく、独立した意義を持たない、とするわけである。それに対してその反対に「個別の行為に対して独立した存在者としての地位を認めて、人格的存在者の方を、そうした行為の集積体として、つまり個別の行為に対してより二次的、派生的な存在者であるとする」存在論も立てることができる。

ただ注意すべきは「道徳的評価の基本的な対象は行為か、それとも行為主体＝人格か？」という問題と、「人格は個別的な行為の集積に過ぎないのか、それともその反対に、独立した存在者としての「行為」などというものはそもそも存在しないのか？」という問題とは、一応は別個で互いに独立の問題だということだ。

たとえば、行為を道徳的評価と統制の対象とするカント主義と、人格の性質としての徳、そして人格総体を道徳的評価の対象とする徳倫理学は、道徳的対象の存在論においては、ともにどちらかと言えば後者のスタンス、つまり基本的な実体として存在するのは人格の方である、という立場をとるのである。

この、メタ倫理的、存在論的に見たときのカント的倫理学と徳倫理学の類似性と、規範的道徳理論としての対照性をどのように理解したらよいだろうか？　ひとつの考え方としては「近代の所産としてのカント倫理学においては、人格の尊厳は軽視されるのではなく、逆にあまりにも重視されるがゆえにこそ、道徳的評価の直接的対象からは外されてしまうのだ」という解釈がある。総体としての人格を道徳的な評価の対象としてしまうと、その評価に応じて複数の人格の間での格付けが可能となり、ひいては人格の間での差別にまで行きつきかねない。実際、身分的な差別を許容する社会、つまりは古代や中世における徳倫理学は、それこそ原点たるアリストテレスを引くまでもなく、そうした人格的差別を組み込んだ道徳理論を提示していた。道徳的な尺度から見て、優れた人間と劣った人間の間には歴然たる差があり、それに応じて、道徳的に有意味な差別、というものが人と人との間に設定されうるのである。しかしながらカント倫理学においては、このような人格間差別は許容できない。人格的存在者はどれも道徳的に価値がある存在だが、その評価は互いを共通の尺度の上で差異化し、序列化するような形ではなしえない。そうした尺度の上での差異化・序列化の対象は、あくまでもそうした人格的行為者のなす行為であり、せいぜい遡っても、人格的存在者の部分的な性質、能力までであって、総体としての人格はこうした評価の対象とはならない。あえて人格的存在者の総体をこの評価の土俵に乗せるならば、どのひとりをとってみてもあえて言えば量的には無限大の価値を割り当てないわけにはいかない、というわけだ（「人間ひとりの命は地球より重い」とのレトリックを想起されたい）。

類似の問題は功利主義の陣営内における対立にも見て取ることができる。功利主義の原型たるベンサムの定式においては、道徳の目標は「最大多数の最大幸福」、世界のなかの幸福の総量の最大化である。そこでは個人間の幸福は互いに共通の尺度によって比較可能であるし、そのうえで集計も可能である。そう考えるならば、他の条件を一定とするならば、マクロ的に言えば、世界内の人口はより多い方がよいことになるし、ミクロ的に言えば、新しくひとりの人間が生まれることは、それ自体としてよいことであることになる。だから実践的指針としても、他の条件を一定とすれば人口は増やすべきであり、子どもはつくるべきであることになる。しかしながらこの発想は、必ずしも多くの人の直観には訴えない。功利主義者の間でも、いわば総量主義に対する平均主義、目標とされるべきは快楽の主体一人当たりの幸福の増大であって、「最大多数の最大幸福」である、という立場もまた有力である。この平均主義においては、人口の増減それ自体は道徳的には中立で、それ自体ではプラスにもマイナスにも積極的な意義は持たないことになる。またミクロ的にも、すでに生きている人間を殺すことは、近い将来に実現可能だったはずの幸福を減らすがゆえに悪であるとしても、やろうと思えばできる子づくりを控えて子どもをつくらないことは、これもまた実現可能だったはずの幸福を無に帰すことであるとはいえ、道徳的には中立的でどちらでもよい、ということになる。

こうした平均主義の立場はまた「存在先行説」にもつながる。すなわち総量主義からすれば、人口が増えること、つまりは生まれない・存在しないこともありえた人間が新しく生まれることは、世界内の幸福の総量を増やすので、それ自体道徳的にプラスの意義を持つわけで、これを言い換えれば「一人ひとりの人間について、そのいずれも、存在しないより存在した方がよりよい」ということになる。それに対して平均主義をとるならば、「人間の存在はその幸福を道徳的な意義としてカウントするための前提条件ではあるが、そのこと自体は道徳的な評価の対象にはならない」とするのである。

つまり「人格的存在者の存在は、道徳的評価が意味を持つための先行条件であって、それ自体は道徳的評価の対象とはならない」というわけである。ある意味でこうした考え方は、功利主義の枠組みのなかにカント主義を密輸入する手口、と解することもできる。何となればこの考え方においては、人格の存在それ自体の価値を、人格が感受する幸福とは比較不能の、より高次の価値として隔絶した地位に置くことになるからである。(5)

また一方、道徳的評価の対象としては同じく行為、に照準するとしても、功利主義とカント主義、帰結主義と義務論との対決もまた、その含意は極めて興味深い。まず、功利主義においては、道徳的評価の焦点はあくまでも行為が実行されたその結果に置かれるのに対して、カント主義においては実現された結果よりもむしろ、行為の実行前に提起された目標、そして人をして行為へと導く動機の方に照準される。この違いはあえて言えば、人の行為の道徳性を評価する主体の置かれた立場が、功利主義においては、他人の行為の効果、その影響をこうむり、体験する主体、受動的な patient のそれとして想定されているのに対して、カント主義的な権利論の場合には、他人の行為を第三者として観察し、自分もまた同様の行為をなすかもしれない存在としてそれを手本や参考とする、つまり同輩たる行為主体、能動的な agent のそれとして想定されている。プロスポーツのアナロジーを用いるならば、審判がプレーヤーの水準に位置するのか、あるいは観客の水準に位置取るのか、の相違である。(6)

あるいはこのように言うこともできる。道徳的な評価、そしてその評価をもとにした統制や奨励の対象はカント主義や功利主義においては行為であるが、道徳的配慮の対象、つまり行為を道徳的に統制することによって守り育てられるべきものとは何であるのか？　つまり道徳的行為の客体とは何であるのか？　もちろんその中心は人間、人格的存在者であるが、それがどのような存在であるのか、そのいかなる契機に焦点が当てられているのか、が問題である。

功利主義にとっては、人格的存在者が道徳的配慮の対象であるのは、それがまずもって体験する主体、受動的な patient だからである。行為の主体、能動的な agent であることは、道徳的配慮の対象たる必要条件とはならない。もちろん典型的な agent は、同時にまた patient であり、そのような agent = patient こそが person、人格的存在者である。しかし功利主義の立場からすれば、人が道徳的配慮の対象となるための要件は、patient たることであって agent、また人格であることは必要ではない。極端なことを言えば、agency なき patient は道徳的配慮の対象であるが、patiency なき agent はそうではないわけだ。だから功利主義の立場からすれば、快苦の主体である動物は、道徳的配慮の対象なのである。

カント主義からすればそうではない。道徳的配慮の対象は、道徳的行為の主体であるがゆえに、道徳的配慮の主体でもある（そもそも道徳的配慮の具体的な構成要素とは、道徳的行為とそれを促すルールや制度のことであろう）ところの人格的存在者であり、agency も patiency も欠けることなく備えているものだ。

この違いはどこから生じるのか？　その最大の要因は、個別の人格的存在者の patiency の、外部からの観察不可能性である。patiency とは結局のところ意識、内面、主観のことであるから、先にも触

	功利主義（を典型とする帰結主義）	カント主義（を典型とする義務論）	徳倫理学
道徳的評価の対象	行為	行為	徳、person
道徳的評価の主体	patient	observer（自らもまた agent である）	person（agent ＝ patient）
道徳的配慮の対象	patient	person	person
道徳的配慮の主体	agent	agent	person
person の本質	行為と情念の束	統覚システム	統覚システム

れたように、当事者以外の外部からは原理的に観察ができない。せいぜいその言動、つまりは agency を通じて推測する以上のことはできないのである。功利主義の考え方は、「観察不能であるにもかかわらず、patiency は存在する」と強い実在論的なコミットメントをしたうえで、それを究極的な配慮の目標とする。それに対してカント主義においては反実在論的に「patient の存在をそれとして認識することはできず、自ら「俺は patient だ」と主張してくる agent をそうだと想定するしかない」と想定されるがゆえに、道徳的配慮の対象は patient 一般から狭められ、agent ＝ patient たる person に限定される。これはまた道徳的配慮の主体と客体を一致させる効果もあることに注意しよう。

ここで簡単に図示してまとめてみよう。

このうえで乱暴な歴史物語を描くとすれば、伝統的＝正統的倫理学たる徳倫理学においては、具体的かつ実質的な理想的人格のヴィジョンが想定されており、現実に存在する具体的な人間はその理想に近づくべく陶冶されるべき存在であり、またその理想を尺度として評価され、格付けされる存在でもある。またこの理想からあまりに未熟であったり、あるいは堕落していたりして遠いとされると、人間であってもいわば「人外」のもの扱いされることさえある。アリストテレスの奴隷制正当化論（「生来の性質によって自由人にふさわしくない人間というものがある」）のことを想起されるとよい。

これに対して近代以降（具体的にイメージしやすく言えば、宗教改革以降、世俗化以降、啓蒙以降）の倫理学（たるカント主義や功利主義その他）においては、「人格」のヴィジョンは、徳倫理学におけるような積極的で具体的な理想像としてよりも、「人格的存在」と我々（言うまでもなく、これはまた、すでに「自分たちは人格である」という自己理解を共有しているグループである）がみなすであろう（つまり「我々人格的存在」が「我々の仲間、同類」とみなすであろう）ものなら最低限備えているであろう要件のリストとして、そのリストを満たすであろう多様な人々ならびにそれに準ずる者たちのクラスとしてイメージされている。

模範的、理想的人格というものの存在が否定されたわけでは必ずしもない。しかしながら近代化の進行とともに、歴史的、地域的に、共同体によって細かなところでは様々に異なる多様な「理想的人格」のヴィジョンが乱立するなかで、それらを共約可能にする「人格」ヴィジョンはいきおい抽象的なものになっていかざるをえなかった。つまり極端に言えば、カント主義や功利主義が代表する近代的な道徳思想は、人格的存在のその人格の具体的な内実、古典的な徳倫理学ならば「徳」と呼ぶところの具体的な性質、性向、ポテンシャル等々について、それらを手付かずに、「自由」にしておく――あるいは外的な介入から（解放するという意味で）「自由」にしたうえで、つまり人格的存在の「人となり」についてはそのあるがままを尊重し「自由」にしたうえで、道徳の直接のターゲット、それが制御し導くべき対象を、人格的存在がなす具体的な行為の方にしたのである。

徳倫理学の復興と応用倫理学、ポストモダン批判理論

このいわば近代の主流の「行いの倫理学」と、伝統的な徳倫理学の復興である「人となりの倫理学」との対立の構図として、現代の倫理学・政治哲学の論争構図をある程度押さえることができるのではないだろうか。

たとえばマルクス主義やフリードリヒ・ニーチェの「道徳の系譜学」（Nietzsche［1887=1964］）において先鞭をつけられ、「調教」や「主体化」を抉り出したミシェル・フーコーの権力分析（Foucault［1975=1977］）は、ある意味では近代リベラリズムの欺瞞を突くものとして解釈することができる。大袈裟に言えばリベラリズムの原理論においては、すべての人間が等しく、尊厳ある人格として扱われて「格付け」という意味での評価はされず、「正しい行い」へと導かれることはあっても「正しい人となり」へと導かれる必要はないはずであるにもかかわらず、近代においても実際には、人は「正しい人となり」へと躾けられる。それは主として、公的領域から隔離された私的空間、典型的には私人の家に封じ込まれることによって見えにくくされ、問題とされにくくされる。しかしフーコーが子細に分析したとおり、近代においてはこうした躾けが家から溢れ出し、新しいタイプの公的な施設――学校、病院、工場、兵営へと溢れ出し、むしろそちらの方を拠点とするようになっていく。しかしそうした公的施設の統治の主体は、当然ながら躾けられる人々ではない――工場の所有者は労働者たち

ではない――。しかしリベラルな道徳哲学は、こうした緊張から目をそむける。労働者は契約の下で命じられた作業をしているだけであり、経営者に従う従順な精神と身体（つまりは徳）を錬成されているわけではない、と。

このような「ポストモダン」的な近代道徳批判に、一見復古的な徳倫理学の流行が実は呼応している。つまりフーコーが分析した「躾け・調教（discipline）」とは、実は伝統的な意味での徳の陶冶にほかならない。近代リベラリズムは躾け・調教を、人格の尊厳への侵害として否定したつもりでいながら、近代社会の実務はそれを否定することはできなかった。しかしそれに対して原理的な正当化を与えることは、近代リベラリズムの枠内では困難である。むしろ伝統的な徳倫理学の発想の方が、それへの正当化を与えやすい。しかしながらそれはもちろん代償を伴う。すなわち、近代リベラリズムが否定した、人の間の格付けと差別の可能性に、それは道を開いてもしまうからだ――。

二十世紀末における、生命医療倫理学を突破口としての応用倫理学の展開は、ある意味では、カント主義や功利主義が暗黙の裡に抱えていたリベラルな前提――「「人格」を備えた存在とは具体的にどのようなものか、についての認識は自明な常識として広く人々の間に共有されており、考えるまでもない」――が崩れる、とまではいかなくとも、必ずしも自明なものではなくなり、揺らいできたがゆえのものである。「何をもって「人格」とみなしそう扱うか」という問いへの答えが自明ではないのなら、その内実を具体的に決めていくことは、自覚的な公共的決定の課題、政治的・政策的課題になる。さらにそうした決定は、単に受動的に、そこに客観的に事実存在するものを「人格」かそうでないのかを判別するという、認識の問題にはとどまらない。そうではなく、何をもって「人格」となすかという積極的決定、「人格」の具体的な内実の構築までをも含んでしまう。それだけではない。そうして構築された「人格」という枠組み、評価機軸でもって、現実に存在する人々をはじめとする人格的存在が評価され、区分けされるだけではなく、この枠組みに合わせて陶冶され、訓練され、躾けられることも避けられない。

そう考えてみると、生命倫理学をはじめとする応用倫理学の発展が、徳倫理学の復興と時代を同じくして起こっていることは、決して偶然ではない。無論、当初の応用倫理学の主流派は、カント主義や功利主義を準拠理論として、揺らぎつつある「人格」という枠の再定位にコミットして、リベラリズムの再建をはかったわけであるが、その展開のなかで「人格」概念、少なくともその近代的なバージョンの見直しが不可避的に進行していった。生命医療倫理学や福祉的ケアの倫理学の実践において、当初の生命倫理学を領導した、「インフォームド・コンセント」――情報を十分に与えて力関係を対称化したうえでの、関係者間の自発的で対等な合意――による生命操作や医療的・福祉的ケアのコントロール、というリベラルな理想には、一定の限界がある。端的に言えば、生まれる前の段階の子ども（胎児、胚、あるいは配偶子）への生命科学的な介入をめぐっては、その親・保護者と医療者との力関係の非対称性は「インフォームド・コンセント」によってある程度解消が可能であるとしても、当の子どもと医療者、それどころか親・保護者との関係は対称化しえない。この関係は、後者がただ一方的に前者に対して影響力を及ぼすというものでしかありえず、それを道徳的に公正なものにするためには、関係者間を対等にすることが不可能なのであるから、リベラルな合意という経路は意味を持たない。関係が非対称であることを認めたうえで、一方的に力を奮う側の自己統制の論理としてしか、この関係の公正化はありえないのだ。

言うまでもなく環境倫理学においても、いまだ存在しない将来世代の権利を保障することや、あるいは人間以外の動物の福祉の保障は、自由な人格同士の対等な合意の擬制という枠組みにはどうしても収まらない。そして、単なる道具の域を超えてある種の自律性を備えるに至ったロボットと、製作者たる人間との関係もまた同様なのだ。

ハンス・ヨナスは環境倫理・科学技術倫理の先駆的業績である『責任という原理』(Jonas [1979=2000]) において「将来世代と現世代との関係は、対等な契約関係のようなものとしては構成しえず、どうしても現世代が将来世代に対して一方的に配慮する義務、責任を負う、という形でしか構成できない」と論じる。つまり、現在世代が将来世代に対して負う責任・義務の反射的効果として、将来世代が現世代に対して何事か——つまりは地球環境の保全や、そもそも自分たちが現実に存在すること——を権利として要求する、という相互的関係はそこには成り立ちえないのである。しかし類似の関係性は、地球環境問題や福祉国家の財政問題などの、長期的かつマクロ的な問題にのみ生起しているのではない。同様に世代間関係だとしても、ミクロ的な子どもとその養育者との関係、あるいは人間と家畜・ペット、そしてロボットなどとの関係においても生じている(7)。

このような一方的なケア、配慮の倫理はもちろん、功利主義に立脚しても構築しうるものであるが、功利主義においては配慮の対象はもっぱら patient として想定されることで問題がないのに対して、徳倫理学においては、関係者間の人格的完成度の違い、それによる道徳的処遇の差別、が良くも悪くも臆面もなく正面から取り込まれており、それによってケアの対象が単なる patient ではなく、人格的完成度の尺度においてより上位の有徳な agent により教導されるより低位の agent としても位置づけられることが可能である。

リベラルな倫理学、ことにカント主義的なそれにおいて「人格」とは法学的な言い回しをすれば「権利能力」のことであり、「行為能力」までは必ずしも要しない。本人の権利を守るために、本人の利益のために本人の権利を代わりに行使する保佐人や後見人がいればよい。しかしそうした支援システムが不足しているところでは、人々の権利は十分な実現を見ないままになりかねない。それに対して徳倫理学の場合には、十分な行為能力、判断力と実践力（つまりは徳）がなければ、十分な「人格」的主体とはみなされないが、逆に言えば、十全な「人格」ではなくとも、不十分ながら徳を備えた存在として、相応の道徳的配慮の対象として処遇される。古典的な、古代中世の徳倫理学においては、不自由身分（奴隷など）や女子どもがこのような対象である。そして一人前の「人格」とされる自由市民の男もまた、最初からこうした「人格」的主体だったわけではない。当たり前のことだが、彼らもまたかつては子どもとして躾け・調教と保護の対象だったのである。また「動物福祉」概念の確立に見られるごとく、功利主義的立場が優位を占めがちな動物倫理の領域においても、アラスデア・マッキンタイアのように徳倫理学の立場からその基礎づけをはかる（MacIntyre［1999］）試み、すなわちある種の高等動物を「人格」ではない――とりわけ、責任を問えず義務も負わせられない――にせよ有徳な――独自の感情を有し、それに導かれて行動し、そうした個性を無視して力づくで操作しようとしてもうまくいかない――存在として位置づけ、その agency を尊重する道徳的作法についての探究もなされている。

このように考えるならば、第5章で見たように、自律型ロボットへの道徳的判断力の実装が「トップダウン」の、道徳的な行為のルールのプログラミングよりも、「ボトムアップ」の、不確実な状況をたくさん経験しつつ、そのなかから学習し自己を修正していく能力のインストールとして理解されるならば、それはロボットにおける徳の涵養にほかならない。すなわちそれは、ロボットに自律性を持たせず、指令を直接プログラムするのではなく、かといって一人前の人間に対してするように、命令や依頼を与えたあとはその解釈と実行は完全にロボットの自律性に任せる（責任を負わせる）のでもなく、ロボットの自律的判断・行為能力を少しずつ育てていく、というやり方である。

今日の生命倫理や環境倫理において浮上しつつあるのはこのような、リベラリスト風の「現にある主体性の尊重」図式からはみ出た「主体性そのものの形成」を問題とせねばならない状況であり、典型的には重度障害者や人間以外の動物のケア、あるいは――いまだ理論的な段階にとどまっているが――自律的ロボットへの処遇といった問題系において端的に表れているのであるが、それはまた角度を変えてみれば、古代的な倫理学において見られた問題設定の再演でもある。たとえばプラトンの『国家』を想起されたい。そこでの理想のポリス維持にとっての重要課題は、支配階級（軍人－政治家）たるべき人材の選抜育成である。

むろん現代の応用倫理学において起こっていることは、単なる古い徳倫理学の復興ではない。古典的な徳倫理学においては、あるべき理想の人間像とでも言うべきものが具体的に想定されていたのに対して、応用倫理学は、そうした想定が必ずしも容易には成り立たないという状況に向かい合うものである。政治哲学における徳倫理学の展開としてのコミュニタリアニズムも、その訴求力を基本的にはリベラリズムの批判――つまりは、具体的な人間像をあえて想定せず、人間性の可塑性や多様性を肯定するという建前の下、実際には世俗的な常識的人間像――マルティン・ハイデガー風に言えば「世人（das Man）」（Heidegger［1927=1971］）――に寄り掛かるところが大であった、という暴露的批判に頼むところが多く、必ずしもオルタナティブな人間像を積極的に打ち出せているわけではない。そう考えるならば徳倫理学の復興、共同体主義の勃興とは、リベラリズム批判として、ネオマルクス主義やフーコー権力分析などのポストモダン批判理論の隆盛と明らかに並行する現象なのである。

確認するが、古典的な徳倫理学が、あるべき理想的な人間性を目指して、具体的な人間を訓練することを素直に目指すことができたのは、そうした理念的な人間、完成された有徳の人のイメージを、共和主義的都市国家の市民として、具体的に想定できたからであるし、他方近代のリベラリズムが、あるがままの人間存在に対して介入や操作を禁欲せざるをえなかったのは、そのような理想の人間像を自明なものとして想定することができなかったからである。それはあとで見るハンナ・アーレントの「人間の条件」なる言葉づかいとある意味で相通じる。しかしながらそのような禁欲は裏返せば、既存の人間性についての、言語化されない暗黙の合意に対する「現状追認」であった。自分たちがどこにいるのか、何者であるのかを定かには知らずとも、とりあえず今いるところからあえて動こうとせず、変わろうとしなければよい、と。それに対して、今日の応用倫理学が向かい合う「ポストモダン」的状況とは、大げさに言えば「あるべき理想的・本来的人間のイメージ」が失われたにもかかわらず、人間性についての暗黙の合理に立脚したリベラルな現状維持に甘んじることがもはやできず、意図的、積極的に人間性を構築していく必要に人間が直面する、すなわち「ポストヒューマン」的状況でもある。

むろんこのようなポストヒューマニティの可能性に対して、あくまで保守的に、禁欲的に対処することによって、リベラリズムの原則を守り切るという選択も十分に理に適っている。すなわち、

・宇宙開発においてはあくまで無人ミッションを基本とし、人類絶滅レベルの大災厄への準備を別とすれば、地球外への本格的な宇宙植民は選択肢としない。

・AI・ロボティクスにおいては、あくまでもオートマトン、せいぜい高等動物レベルの自律性しか持たない機械を開発するにとどめ、人間レベルの知性、あるいは自律した学習・自己改造・さらには自己増殖能力を備えた機械は、たとえ技術的に可能であっても製作しない——少なくとも実用目的で量産はしない。

・ヒューマン・エンハンスメントにおいても、個人が自己責任において費用とリスクを負担しう

る、個別的な試みの範囲に押しとどめる。マクロ的なレベルでの人類の身体的変容は、あくまでそうした大衆的試行錯誤の結果としてのみ許容される。

という方針を一貫することができれば、我々のリベラルな政治体制や市民道徳は大きく揺るぐことはあるまい。そして私は個人的には、向こう百年や二百年程度はこうした方針がむしろ支配的であり続けると考えている。しかしながら少数の逸脱はありえ、そしてボストロムが指摘するとおり、そうした逸脱が連鎖反応を起こしてマクロ的なインパクトを帰結する可能性は否定できない（Bostrom［2014］）。さらに言えばことに宇宙開発などは、数百年のオーダーで展開されるしかない事業である。そうしたタイムスケールを考慮に入れるならば、ミクロ的な変化のマクロ的な累積の効果は甚大となりうる。すなわち、今後数百年にわたって、人々の人間性にあえて手を触れようとしないリベラルな政治体制が優越を占め続けたとしても、ミクロレベルでの人々の自発的な自己改造・変容の結果として、知的・精神的なレベルでも、また物理的・身体的なレベルでも、そこに生きる人々が今日の我々と比べたとき、大きな変容を遂げている可能性は小さいものではない。

そして、あまりありそうなことではないが、たとえばポストヒューマン・テクノロジーの大衆的な普及を前提として、宇宙植民とＨＬＭＩロボットが同時並行的に爆発的ブームを引き起こす、という可能性さえも、私はゼロではないと考えている。

それでは最後に、この「ポストヒューマン」的状況について、少しばかり違った角度から光を当ててみよう。

7－3　ハンナ・アーレントの宇宙開発論

ある冷戦期知識人の宇宙開発観

先に紹介したハンス・ヨナスと同様に、ハイデガーの薫陶を受けた「ハイデガーの子どもたち」（cf. Wolin［2001=2004］）のひとりでありながら、ユダヤ系知識人として、ハイデガーが加担したナチから逃れてアメリカに渡ったハンナ・アーレントの代表作のひとつは『人間の条件（*The Human Condition*）』と題されている（Arendt［1958b=1973］）。そこで彼女は「人間の本性（human nature）」（「本質 essence」と言い換えてもよかろう）とは何か、という問題の立て方を避けようとしたのだ。「人間とは何か」を問うときに、内在的にその性質とは何か、と考えるのではなく、人間が置かれている状況、人間を生かしめていると同時に、制約し限界づけてもいる環境条件についてむしろ考えようとしたのである。それはもちろん一面には、彼女の敵であるナチスやスターリン体制といった「全体主義」がやったことが、まさに「人間の本性」なるものを勝手に設定して、それでもって現実の人間を裁断していくことだったからでもある（むろん『全体主義の起源』（Arendt［1958a=1972–1974］）は彼女のいまひとつの代表作である）。

むろん「本性」の代わりに「条件」を、という風に単純に理解してしまってはダメである。固定した「本性」を想定するのがまずいのと同様、固定した「条件」を想定するのも「つまり人間とはこれこれの条件の下に置かれた存在のことなのだな」という誤解に通じてしまいかねない。むしろアーレントの本意は「人間は自らの存在の前提条件を自ら作ってしまうこともある」ということに触れ、「人間の条件の可変性」を強調するところにある、とさえ言える。

その観点からすれば、彼女が冷戦期の知識人のひとりとして「スプートニク・ショック」をまさに真に受けて、こんな風に言っていることはひどく興味深い。

たしかに、自分が月に行くことなど科学者には思いも及ばなかった。科学者は、自らの目的に照らせば、人間の創意工夫によって発明できる最良の装置を積んだ無人宇宙船のほうが、数十人の宇宙飛行士よりもはるかにうまく月面探査の仕事をやってのけることを知っていた。だが、宇宙空間の征服あるいは何と呼ぼうと人間世界の実際の変革は、有人宇宙船が宇宙に発射された結果、これまでは人間の想像力や抽象力あるいは人間の発明能力や制作能力しか到達しえなかったところに人間自身が行けるようになって初めて達成されるのである。（ハンナ・アーレント「宇宙空間の征服と人間の身の丈」一九六三年、Arendt［1968=1994］三七三頁）

宇宙空間に向かった企てに大きな意味があることは、議論の余地がないように思える。そして、この企てはあまりに費用がかさむとか、そうした資金は、市民の教育や福祉、貧困や疫病との闘い、あるいはほかにもいろいろ考えられる有益な目的のために使ったほうがましであるとか、要するに純粋に功利的なレベルで提起された反論は、いささか馬鹿げているように思える。つまりここで問題となっている事柄、どのような結果が現われるかいまのところまったく予言できない事柄から焦点がずれているように思う。さらに、こうした反論が的外れだとわたしが考えるもう一つの理由がある。この反論が不適切この上ないのは、宇宙への企ては人間の科学的能力が目覚ましく発展することによって初めて可能となったからである。科学の自律性そのものが、功利的な考慮ばかりでなく人間の身の丈をめぐる反省も一時棚上げにしておくことを要求するのである。

（同上、三七五頁）

ここで彼女は、本書で提起されてきた論点を基本的に承知のうえで、それでも有人宇宙ミッションを肯定するかのようなことを言っている。「有人宇宙ミッションは費用対効果やリスクの点で無人ミッションに劣り、またそもそも宇宙飛行それ自体にどこまでの意義があるかは必ずしも自明ではない」とこれまで縷々論じてきたというのに、五十年以上も前に「そんな比較が可能になったのも、そもそも有人宇宙飛行の実現可能性が見えてきたからこその話だ」などと切り返していたのである。地球の自然環境はむろん「人間の条件」の一環ではあるが、だからといって人間がそこを離れては生きてはいけないというわけではない。近代自然科学が地球というローカルな場を離れて、宇宙において普遍的な法則を探究の主題とすることの意義を、アーレントはしきりと強調する。

もちろんここでのアーレントの主張に反論することは容易である。肝心なのは「有人宇宙飛行の実現可能性が理論的にあきらかになったこと」であって、そうなれば実際に有人宇宙飛行をしなくとも、それと無人ミッションとの、あるいはほかの有意義なプロジェクトとの比較検討はできる。むろんアーレントの主張の眼目は、ただ単に机上で理論的に語りうるレベルにではなく、実際に人間がそこに行って、具体的に様々な体験をするということが重要だ、というものであろう。

我々が現在探査しようと計画しているのは、宇宙のなかでは我々自身の身近な環境にすぎず、もしかりに光速で移動できたとしても、人類が到達できるのは無限に小さな場所にすぎないだろう。目下のところ唯一絶対的な限界である人間の寿命を考慮に入れるなら、人類がそうした場所を超えて進んでゆくとは考えられない。しかしながら、たとえこの営みに限界があるとしても、我々は、想像上にとどまらず実際上も、これまでの感覚や身体の世界を超え出ざるをえないのである。
(同上、三七三頁)

ここでのアーレントによる宇宙開発の肯定は、彼女が「人間本性」の概念に訴えることを禁欲していたことからもわかるとおり、人類の宇宙進出をその種としての「明白な運命 (manifest destiny)」だとか、高い理想、人類がたどるべき正しい道として掲げるというものではない。しかし彼女の発想は、大概のリベラリストともまた異質である。多くのリベラリストも実はまた、アーレントほど明確にではないが、少なくとも道徳の自明な根拠としての「人間本性」なるものについて語ることについては禁欲的、否定的である。だが一方リベラリストは、あるべき「人間の本性」に照らして現実の人間を裁断することを拒否するその反動として、現にある人間の日常的な欲望のありように対する現状肯定に安んずる傾向があった。アーレントはこの傾向に対してもまた批判的なわけである。目指すべき具体的な理想を掲げないながらも、現状への安住には否定的――というなかなかに複雑な立場だが、宇宙開発は彼女によってそうした、未知なる自由の空間の可能性として見えていたのかもしれない。

しかしながらアーレントは手放しで宇宙時代の到来を寿いでいたわけではない。彼女はまた、「「宇宙空間の征服」に反対する議論は、この企て全体そのものがそれ自体自己破壊的であると指摘できる場合にのみ、妥当性と説得力をもつことができる」と煮え切らない留保を表明している。それにすぐ続けて「そうした自己破壊的な出来事が実際にありうることを示す二、三の徴候がある」と述べるが、全体としては何を言わんとしているのかいまひとつはっきりしない。彼女の論述に即するならば、どうやら客観主義的科学の方法が政治にまで適用され、本来双方向的たるべき政治が一方的な行政管理にとってかわられ、本来の意味での（双方向的なコミュニケーションに立脚するものとしての）「政治」が消滅することへの危惧が表明されているのだが、それが宇宙開発と具体的にどのように関連するのか、がいまひとつ不明確である。

他の場所で彼女は、冷戦時代の思想家にふさわしく「絶滅戦争」の可能性について危惧し、それを「政治的なるものの消滅」と形容する（一九五六〜五七年頃の草稿「政治入門」、Arendt［2005=2008］所収）が、それをたとえば核兵器に直結させるわけではなく、むしろより広い文脈、総力戦や全体主義と結びつけている。それゆえ、彼女が「「宇宙空間の征服」に内在する自己破壊の可能性」について何を念頭に置いていたのかははっきりしないが、「自己破壊的」という言い方で何を言わんとしていたのかについてならば少しは想像がつく。彼女は「人間本性」という言葉を使うことを控えたが、他方「人間の条件」も不変ではなく、何より人間自身の営みによって変わりうるものであることを認めていた。しかしながら人間が「人間の条件」を変えうる範囲は無限ではなく、それをやってしまうと当の人間が滅びてしまうため、やってはならないこと――たとえば絶滅戦争――もまた存在する。「宇宙空間の征服」についてもまたそのような限界があるのではないか、と彼女は考えていたのだろうが、それを明確に概念化することはできなかったのだ。

「人間の条件」と宇宙

翻って見れば、本書での私の議論は、アーレントがうまく言葉にできなかったことをもう少し明確にすることができたと思われる。以下のように順序立てるとわかりやすいのではないだろうか。

（1）人間が宇宙に進出しようとすれば、さしあたりは自分たちを生かしめるに足る人工環境――まさに『人間の条件』でのアーレント独自の言葉づかいに従うなら「（公共）世界」――を伴っていくしかない。しかしながらそのなかに閉じこもったままであるならば、一体何のために宇宙に出てきたのかわからなくなってしまう。

（2）それならばただ人工環境を持参するだけではなく、いくぶんかは出先の宇宙空間、他天体の環境に介入し、そこに新たな「世界」を、「人間の条件」を作り出していくべきであろう。しかしそれは度を越せば、本来は異世界であったはずのそこを単なる「新たな地球」にしてしまうだけのことに終わってしまうだろう。やはりそれでは、宇宙に出てきた甲斐がない。

（3）となれば逆に人間の方が——遺伝子工学によってかサイボーグ技術によってか、はたまた生物学的な人間そのものの直接の末裔ですらなく、その創造物たる知的ロボットを送り込むことによってか——、宇宙に、他の環境に合わせて自らを変じていくということもありうる。しかしながら今度は、いったいどこまでの変容であれば、その人間の末裔はそれでもまた何らかの意味で「人間」であると言いうるのか、やはりこの変容、改造は度を越すと、もはやいかなる意味でも「人間」とは呼びえないものへの一線を越えてしまう結果に終わるのではないか。

この三つのレベルのそれぞれにおいて、自己否定、自己破壊のモメントが容易に看取できるだろう。（1）の場合には「自己破壊」というよりは萎縮による自己否定という形容がふさわしいが、（2）（3）はもう少し積極的な意味における、宇宙開発、宇宙植民における一種の「自己破壊」であり、特に（3）の場合には「人間の条件」それ自体の「自己破壊」にまで及んでいると言える。そして、ここまで読んでいただけた方ならおわかりのとおり、私はこの三つのなかでとりわけ（3）のモメントを重視してきた。

アーレントは（3）のモメントに気付かなかったのだろうか？『人間の条件』序文でもアーレン

トは「通俗的なＳＦの想像力をバカにするな」と注意を喚起しているが、この時代のＳＦにおいてすでに（３）のモメントは十分に気付かれていた（古典として名高いオラフ・ステープルドン『最後にして最初の人類』（Stapledon［1930=2004］）は言うに及ばず、ジェイムズ・ブリッシュ『宇宙播種計画』（Blish［1956=1967］）も五〇年代半ばには刊行されていた）。とはいえいまだワトソン、クリックによるＤＮＡ二重螺旋構造の発見以前のことであり、あれこれ言っても詮無いことである。いずれにせよアーレントが十分に気付かなかった――しかしおそらくは宇宙について思いを巡らすことを通じて、気付くその手前までは来ていたこの問題系がまさに「ポストヒューマン」であったのではないだろうか。

冷戦終了後にアーレントがとりわけ注目を浴びたのは、生前の彼女が同時代の「思想の冷戦体制」とでも呼ぶべきものから、はっきりと距離をとっていたからである。自由市場体制や議会制民主主義を批判したからといって、マルクス主義者になる必要などないし、逆もまたしかり。またそうだからといって市民革命の意義を否定する、復古的反動主義者になることもない。今日であればいかにもあたりまえに見えるこうしたスタンスを、それがまだひどくとりにくかった一九五〇年代、六〇年代において、彼女は決然としてとった。そのような彼女のスタンスは今日、ある意味非常に古典的な――西洋文明の精神的故郷としてのギリシア民主政、ローマ共和政への回帰を志向するものとして読まれ、その意味では徳倫理学復興の文脈に置かれることも多い。しかしながらここで我々は、宇宙、またテクノロジーについて生真面目な思弁をめぐらした「ポストヒューマン」の先駆者としてのアーレントに出会うのである。それは同時にもちろん、「ポストヒューマン」の問題系が古典的な徳の問題系と接続しうるものであることをも暗示するだろう。宇宙開発についての思弁は、ロボット、ヒューマン・エンハンスメントを経由し、まわりまわってこのような問題系への地下水路にも通じているのだ。「人間」とはカント風の言い回しをすれば超越論的なカテゴリーということになる。つまり、あらかじめ「人間とは何か」についての明晰判明な理解があらかじめ自明のものとして前提されていて、それに照らして「これは人間であり、これは人間ではない」と判断を下す、という風には我々は「人間」という概念を用いてはいない。

たとえば出生をもって胎児が「人間」としての公的認知、承認を受け、死をもって「人格」は消滅し、その身体は「人間」から物体としての死体となる、という常識的理解が、まさにその「出生」「死」という境界線のありようが生命利用技術の発展によって揺らぐことによって揺るがされるとき、我々は「人間」概念の洗練と変容を強いられている。それゆえに生命倫理学は哲学の一環なのである。

同様に、繰り返しになるが、本書では主題化しなかったが、地球外知的生命の探査と接触の可能性について考える際、我々はついに現実には会うことなく終わるかもしれないそれらについて、「宇宙人」として、すなわちそれらもまた一種の「人間」として観念せざるをえない。そのことによって当然、すでにある常識としての「人間」概念は洗練を迫られる。強い人工知能、高度な自律型ロボット、ニック・ボストロムの言うＨＬＭＩについても同様であることは言うまでもない。いまだ実現を見ないそれらのロボット、人工知能に対して、「人格」を認める可能性について考えることによって、我々は「人間」概念を変容、拡張させているのである。

おわりに

宇宙植民への「飛躍」――の困難

それでは、繰り返しをいとわずにあらためてまとめてみよう。

私はミドルレンジの宇宙倫理学の主題として、宇宙開発、とりわけ有人宇宙ミッションとその延長線上に展望される宇宙植民のはらむ問題について、多面的に考えようとしてきた。すなわち、私は一方で、それが現状の我々が抱いている倫理的諸原則、道徳的慣行から見て奨励しうる、あるいは許容しうるものであるかどうか、という風に既存の倫理学・道徳哲学の立場から宇宙開発を審問に掛けてきた。そしてその反対に、もし仮に宇宙植民が進展していったとして、それが我々の倫理観・社会的意識にどのような影響を与えうるか、宇宙植民を許容してしまった社会は、どのような倫理的原則・道徳的慣行とともにあるものになってしまうのか、という方向性での問いをも立ててきた。

人類の宇宙進出、地球外の空間や天体に恒久的な生活拠点を作り上げるという意味での宇宙植民は、机上の計画にとどまっており、今後それが実現するかどうかはいまだ決まってはいない。それは現在の、そして次世代以降の人々の選択にかかっている。それゆえに宇宙植民についての倫理学的検討は、それが実現することを既定の前提として受け入れて、その意味を問うだけでは十分ではない。いわばその前段階として、そもそも宇宙植民、それ以前に有人宇宙ミッションに対してこれ以上深入りすべきかどうか、果たしてそれはどこまで望ましいこと、許容しうることなのか、について問わねばならない。「どのような宇宙植民であれば道徳的に許容しうるか？」という問いを先走り的に探究したのも、実はこの「そもそも宇宙植民は道徳的に奨励、許容されうるのか？」という問いを深めるためであった、と言える。

私の暫定的結論としては、まず宇宙植民の技術的可能性については、「本格的な宇宙植民は、仮に行われたとして、その前線においては自然人を主体としては行われえず、機械ないし生物工学的に改造された人間、さらには人工知能を備えたロボットを主体とせざるをえず、またそうやって実現する植民地は、地球圏との双方向リアルタイム通信が不可能であるような深宇宙に位置せざるをえない」というものであった。さらに「このような事業が、地球圏の人類社会の差し迫った滅亡の危機、といった特殊事情や、あるいは宇宙植民を自己目的化した政権による、経済性や人権を無視した政治的強制によらずに行われるためには、もともとの人類社会が、宇宙進出という目的とは無関係に、自主的に自らを私益や嗜好のために改造する人々や、人間並みの自律性を備えたロボットをすでに抱え込む多元的社会になっている方が望ましい」とも推論された。

以上を踏まえてもう少し踏み込むと、まずは事実判断の問題として、今後人類文明が破滅的な災厄に会うことなく順調に発展していったとしても、宇宙植民事業が大規模に行われるか――具体的には、都市、ひいては独立した国家と呼びうるようなコロニーが確立するところまでいくか――どうかはわからない、その可能性はそれほど高いわけではない、と言ってよいだろう（個人的には、五〇パーセントを超えるということはないのではないか、と考える）。

そして価値判断の問題としても、このような宇宙植民事業が大規模に展開されることは、現在のリベラルな道徳を踏まえたうえで、許容はされうるとしても奨励までされえるかどうかは微妙な問題であると考える。科学的探究、それどころか経済的利益を目指しての資源開発でさえ、無人機、ロボットとしても「心」を持たないレベルのそれを主体としたミッションで相当程度のことが可能である以上、あえて有人ミッション、さらには宇宙植民に固執する理由は少ない。

総じて言えば、宇宙植民とは社会に対してある種の飛躍を強いる、あるいは社会における何らかの飛躍なしには本格的展開を期しがたい事業である。本書では考察の外に置いた、全地球規模の災害による、人類文明自体の崩壊の危機、地球上での存続の困難化、といった事態はそうした飛躍を強いる可能性の好例である。だがそのような危機におそわれない「平時」におけるリベラルな社会体制の下で、それが大々的に展開する可能性はそれほど大きくはない。さらに私がそこからもう少し踏み込んで主張したのは「仮に大規模な宇宙植民がリベラルな社会体制の下で行われるようになったとしても、そのリベラルな社会体制の下で生きる人々は、現代の我々、先進諸国の市民と同じようなリベラルな価値観、趣味嗜好をある程度共有してはいるだろうが、その生活のディテールに立ち入れば、従事する労働や消費する娯楽や食物の内容もかなり変化し、そのメンタリティ、それどころかその身体さえも、少なからず現代の我々とは異なった存在となっている可能性が高いだろう」ということだ。宇宙植民はそのような異質な市民たちの存在、人類社会の文化的どころか物理的・身体的多様性を前提とし、さらにそうした多様性を促進していくものになるはずだ。

確認するならば「深宇宙に長期間滞在する、あるいはそこで生涯を送ることを自発的に引き受けるような人々が、宇宙開発へのニーズとは独立に、一定数すでに存在しているような社会が成立していることが、リベラルな道徳の下で宇宙植民が大規模に展開されるための必要条件である」と私は推論している。問題は「深宇宙に長期間滞在する、あるいはそこで生涯を送ることを自発的に引き受けるような人々」とはどのような人々か、である。

野田篤司の議論（野田［2009］）を踏まえるならば、そうした人々は少なくとも、リアルタイム高密度通信ネットワークで覆われた地球圏のグローバル統合社会から相対的に切り離されてでも、深宇宙で追求したい目標（深宇宙探査それ自体や地球上では不可能な大規模な科学実験など）を抱いていなければならない。しかし彼ら彼女らが負うコスト、リスクはそれだけではない。野田の小惑星コロニーであれば相当カバーできるとはいえ、それでも宇宙線による発癌リスクその他の健康リスクは地球出自の自然人にとっては過酷なものにならざるをえない。それに適応するためには、人々はある程度自発的に自己改造を施していかねばならないのではないか。もちろん本来の意味での自然選択に頼っては、宇宙線への抵抗力を備えた新種の人間などというものが仮に実現できたとしても途方もない時間がかかる。それよりははっきり人為的な優生学――遺伝子操作や、機械的な改造の方が合理的だろう。たとえばガン細胞への変異を監視し抑え込むマイクロマシン、ナノマシンを体内に常駐させる、あるいはＤＮＡに比べて宇宙線からのダメージに強い――損傷しにくいかあるいは損傷の修復がより容易な機械へと、身体を乗り換える（脳その他の中枢神経だけを生身のままで残すか、あるいはイーガンの「グレイズナー」のように精神をソフトウェア化するか）[1]など。そのような状況は小惑星コロニーを、地球圏とははっきりと異質な――文化のみならず身体レベルにおいて――社会へと導いていかざるをえない。むろんそうした未来が予想されることもまた、地球圏を離れて宇宙植民に赴くにあたっての決断へのハードルを高める。

このハードルが十分低くなるためのひとつの可能性が、宇宙開発とは独立の理由で、すでに地球圏の社会において、自発的に自己改造を遂げて自然人から遠ざかった人々が、さらに言えば純然たる「人造人間」――ボストロムの言うＨＬＭＩを備えて、道徳的・法的にも人格的存在として認められたロボットたちがすでに一定数存在していることではないか。私はそう推論した。しかしながらそもそのような社会が実現する可能性はどの程度あるだろうか？　ここで私の考察はいったん立ち止まっている。そのような社会が我々の現代社会の自然な延長線上に展望できるものだろうか？　そこへの到達にもやはり何らかの「飛躍」が必要であり、そのような飛躍は、それこそ人類滅亡の危機のようなやむにやまれぬ「必要」ではない限り、リベラルな道徳的な正当化が困難なもの――それゆえにリベラルな社会の延長線上には展望しがたいものではないだろうか？

人格的ロボットへの「飛躍」——の困難

そして実は同様の飛躍を、私はロボット——とりわけ我々人間が自分たちと同様「心」を備えたものとして扱わずにはいられないような、高度な自律性とコミュニケーション能力を備えたロボットの実現可能性についても、見て取らずにはいられない。

このような自律型ロボット——機械的人造人間の実現可能性については、宇宙開発以上に未知の部分が大きい。超知能の可能性について大胆に思弁を展開するボストロムでさえ、「人間並みの機械知能ＨＬＭＩがいったん実現すれば、人間を凌駕する超知能の実現は不可避であり、その移行は急激に起こる」とまでしか言っていない（Bostrom［2014］）。ただしそうしたボストロムの推論も、ある前提の上に初めて成り立つものである。すなわち「いったん人間の手によって実現されたＨＬＭＩは、早晩人間から独立して自力で学習＝自己改造を続け、あるいは繁殖・進化＝自己と同程度かあるいはそれ以上の性能を持った次世代機を開発製造していく」という。問題はここで第一世代のＨＬＭＩに対して製造者たる人間たちが完全な自立を許すか、である。研究や娯楽目的で少数のＨＬＭＩロボットを作り、あくまで人間社会の一員として受容するのであればともかく、大量生産の実用品として作られるロボットにＨＬＭＩを実装することにどれほどの意味があるか、は必ずしも自明ではないことは、すでに見たとおりである。

だが私がここで念頭に置いている飛躍とは、ＨＬＭＩに至るまでの予想しがたい技術的困難の道程のことでもなく、またボストロムが言うところの、いったんＨＬＭＩに到達して以降の知性爆発（intelligence explosion）のことでもない。私の予想では、ＨＬＭＩの純然たる技術的可能性が見えてきて、実際に試験的に少数が作られさえする局面から、ボストロムが言う知能爆発が起きるまでには、ボストロムが想定するのとは違って若干のラグがありうる、と私は考える。リベラルな政治秩序が大体において支配的である社会においてこうしたＨＬＭＩが実現を見たならば、その前後においてＨＬＭＩの社会的受容のための具体的な政策決定、制度形成をめぐって、また技術的には可能であろうはずの知性爆発を実際に開放すべきか否かをめぐって激論が起きるであろうし、またそもそも本格的な大量生産に入るまでは、ＨＬＭＩの経済的収益性はそれほど高いものになるとも思えない。ましてボストロムの言うように、いったんＨＬＭＩが実現すれば、従来の人間＝自然人にはコントロールできない知性爆発はほぼ不可避であるとするならば、なおのことＨＬＭＩの実現可能性は、技術的には射程距離に入ったとしても、道徳的・政治的にはむしろ押さえつけられると考えた方がよい。

純粋な学術研究目的ではなく、ＨＬＭＩを大量生産して社会に供給することを求める、あるいは受容する社会とはどのようなものか？　ＨＬＭＩの開発を自己目的化するのではなしに、無視しがたい量の継続的な需要がＨＬＭＩに対して生じるような社会とは？　それに対して私は、人間がＨＬＭＩを子どもないし解放奴隷のようなものとして需要する可能性を示唆した。すなわち、一定期限が過ぎれば一人前の「人格」として解放することを義務づけられたペット、あるいは償却期間が過ぎれば人格を与えられ、自分で自分を所有する資本財として。しかしそれにしても、純然たるペットないしは資本設備としてであれば、ＨＬＭＩのはるか手前の、それこそペット動物や家畜と同程度の、つまりは道徳的・法的人格を認める必要がない知能ロボットで普通の人々は満足するのではないか？　ペットは死ぬまで飼ってもよい——むしろそれを求められるし、資本設備は償却後も使える間は使えばよい。人間並みの機械が、人間並みに扱わねばならないという制約も込みでそれでもほしいというのであれば、人間の子どもをつくるなり養子にとるなり、あるいは人間の労働者を雇うなりすればよいはずだ。

このハードルを超える可能性を考えてみるならば、まずはやはり人間、自然人の方が、遺伝子操作やサイボーグ技術による改造人間を一定数抱え込む多様な集団に変容していることによって、人工人、人造人間との隔たりがそちら側から掘り崩されていることが望ましい。さらにより実用的な需要として、深宇宙開発、宇宙植民が考えられるのではないか——私はこう推論した。

循環論法？

こうして見ると、本書のここまでの議論全体が、ある種の循環論法のようなものになっていることがわかる。すなわち「宇宙植民は、改造人間や自律型ロボットを普通の「人間」として受け入れた社会において、そうした改造人間やロボットを主役としてであれば、比較的高くなるであろう」、という命題と、「「強いＡＩ」を備えた人間レベルの自律型ロボットは、すでに自然人だけではなく種々の改造人間が存在し、宇宙植民も大規模に行われている社会においてであれば、大量の需要に恵まれるであろう」という命題は、奇妙な対応関係にある。「宇宙植民事業が継続的に行われていること」と

「人間レベルの知性を備えた自律型ロボットが実現していること」とは、互いに厳密な意味での必要条件をなしている――そうであればまさに循環論法である――わけではないが、どちらか一方が成り立っていなければ、他方が成り立つ可能性が極めて低くなるのだ。この意味でも宇宙植民と人間レベルの自律型ロボット、人造人間＝人工人とは、その実現に際して「飛躍」を必要とする事業なのである。

この「飛躍」の必要性ゆえに私は、本格的、恒久的な宇宙植民も、またボストロムの言うＨＬＭＩを備えた自律型ロボットの本格的実現と普及も、いずれもその実現可能性はそれほど高くはない、と予想する。(2) ただしここにいわば第三の契機とでも言うべきものが入り込んでくることは、行論からすでに明らかであろう。すなわち、ＤＮＡベースの人間たちの作る社会が、すでにして生命医療技術、あるいはサイボーグ技術によって何らかの改造を受け、自然人とは異質の存在となった人々をも含み込む社会となっている可能性、である。この可能性が実現していれば、宇宙植民、ＨＬＭＩロボットの実現可能性はいずれもかなり高まるであろう。そしてこの可能性――現代的な言葉で言えば、ポストヒューマニティ、トランスヒューマニティ（transhumanity）の可能性自体は、もう少し真剣に受け止められねばならないだろう。

そもそもポスト（トランス）ヒューマニティの観点からすれば、ボストロムの言う超知能の出現、すなわち「知能爆発（intelligence explosion）」はあくまでその延長線上において理解されるべき問題である。ボストロムの「知能爆発」概念は、各論者があまりにも勝手な意味合いで用いすぎてバズワードと化した「(技術的)シンギュラリティ(technological singularity)」の語を避けるための工夫であるが、今日「シンギュラリティ」の語が用いられる際には、ボストロムの言う「知能爆発」、超知能の出現とその加速度的進化の開始以外にも、「アップローディング(uploading)」——全脳エミュレーション(whole brain emulation)による人間精神のソフトウェア化と、ネットワークのヴァーチャルスペースへの「移住」——がそのメルクマールとして強調される(ex. Kurzweil [2005=2007])。二〇一六年現在、レイ・カーツワイルはグーグル社でこの全脳エミュレーションのプロジェクトに実際に取り組んでいる)。全脳エミュレーションは、プログラム技術それ自体の発展による自由意志、意識(それらが何であれ)のソフトウェア化とならんで、HLMI実現へのありうべきひとつの経路としてボストロムによっても重視されている。そのコストは言うまでもなく膨大ではあるが、ストレートにHLMIをプログラム化するという、その端緒も見えていない課題に比べれば、人間の脳という、すでに実現しているハードウェアを厳密にシミュレートするだけのこの技法は、経済的採算などを度外視した単純な実現可能性で言えば極めて高い(それは厳密な意味での「人工知能 Artificial Intelligence」でさえないと言える)。こう考えるとカーツワイル的なポスト(トランス)ヒューマニティの観点からすれば、人間の自己改造による多様化、機械とのハイブリッド化はHLMI、そして超知能に先行せざるをえないことになる。

しかしながら、ポスト(トランス)ヒューマニティを真に受けるとは、果たして何を意味するのか? それは結局のところ、リベラリズムが触れまいとしてきた「人間の本性」、そして「徳」の問題系が、哲学的思弁のレベルでではなく、実践的なレベルで前面化される、ということである。すでに私は功利主義陣営とカント主義陣営をともに通貫して、リベラリズムの根底には「行為の自由」以前に「存在の自由」、あるがままの人々の生の肯定、容認がある、と論じた。リベラリズムは人々に対して、「あるべき理想の市民」とか「士大夫」になることを強制しないのはもちろん、奨励することにさえ禁欲的である。人々が自ら望んで、自らの責任で自己改造すること、学び成長することはもちろん肯定し、一般論としては奨励するとしても、特定の方向づけは避ける。

だからリベラリズムにおける「あるがままの人々の肯定、容認」はその理念としては、消極的で中立的で、人々の現状の「あるがまま」に対する積極的てこ入れではないにしても、実際にはそこからの逸脱や変容はあくまで個人レベルでのミクロでローカルな試行錯誤に限定されると想定されていた。つまりは、人々の自由な自己改造の結果、全体社会のレベルで人々の能力、性質（つまりは「徳」）が大きく変化しまた多様化することを、可能性としては認めてはいても、積極的に予想してはいなかったのである。しかしながらポスト（トランス）ヒューマニティは、そうした人々の自己改造が、単なる私事、私生活のオーダーを超え、公的な問題へと変化していくことを必然とみなす。それだけではない。そうした人間改造が、次世代、生まれてくる子どもへの優生学的介入や、人格的ロボットの製作までを含むものになれば、それは当然に——対等な個人間の合意による社会構築という——リベラリズムの射程を超えてしまうのである。

本書におけるここまでの議論には、どのような意義があるだろうか？

応用倫理学として、現実の政策決定・制度構想に何らかの指針を与えうるものにそれがなっていたか、と言えば、やや微妙なところがある。少なくとも宇宙植民という課題は「ミドルレンジ」であり、同時代のリアルな政策的・技術的実践としての宇宙開発にとっては、やや迂遠な課題であり続けるであろう、というのが私の立場である。しかしそのような議論が「ショートレンジ」の含意を持たないわけではない。実際にはそうした議論は、無人ミッション主体の宇宙開発の現状を基本的に追認するものである。私の考えでは、恒久的な宇宙植民という課題は、現状ではあくまでも机上の理論の域を出ず、長期的な実現可能性についても不確定要素が大きすぎる。

しかしながらその実現可能性について、それを支えるありうべき他の条件について考察をめぐらすことによって、私はこの課題が生命医療倫理におけるヒューマン・エンハンスメント、そしてロボット・人工知能の倫理の問題系と接続せざるをえないことを知った。そのように考えたとき、宇宙植民の倫理学は、超越論的カテゴリーとしての「人間」さらには「生命」「意識」とは何か、あるいは「人格」「徳」とは、といった古典的な哲学的課題、基本的な概念分析を、極めて実践的な場における技術的課題と不可分の形であらためて行うための思考実験の場を与えてくれる。のみならず隣接問題系としての人工知能、ヒューマン・エンハンスメントとあわせて考察するならば、ひょっとしたらそれは思考実験、思弁にとどまらず、数十年単位での、つまり当初考えていたよりも比較的喫緊の課題となる可能性もまた、必ずしも高くはなくとも無視はできないことは明らかになったと思われる。

私の考察の眼目は、具体的な未来の「経路」の予想などではなく、その経路がたどりうる「可能性の空間」をイメージすることにある。私の考えでは「ミドルレンジ」、数百年から数千年の未来における人類の宇宙進出、とりわけ宇宙植民の可能性について、具体的な予想をすること自体にはそれほど意味はない。いつ頃どのような技術が実現するのか、そのときの人類社会を取り巻く社会的、自然的な全般的状況はいかなるものか、はそのときにならないとわからないことが多すぎる。しかしながらそうした予想をするために、いかなる要因を考慮に入れねばならないか、について考えることには意味がある。仮に人類の宇宙開発の未来を予想し、その経路をグラフに図示するとしたら、その図面はいくつの軸を持たねばならないのか、何次元空間とならねばならないのか？　軸として数え入れるべき要因は何か？　少なくともそこには、狭い意味での宇宙技術の発展という軸以外にも、生命医療技術、ヒューマン・エンハンスメントという軸、さらにはＡＩ・ロボット技術の発展という軸を数え入れないわけにはいかないのだ。

補論1　ニック・ボストロムの「超知能」と「シングルトン」について

1

本論で見たとおりニック・ボストロムの言う知能爆発（intelligence explosion）とは、自律性を獲得した人工知能が、自分のペースで自己改造を始めて、そのプロセスに対する人間によるコントロールが効かなくなることである。そこから早晩人間レベルの機械知能ＨＬＭＩどころか、人間を凌駕する機械超知能（machine super-intelligence）が誕生する、とボストロムは予想するが、しかしそもそも、人間ないしＨＬＭＩと超知能との本質的な違いとは何だろうか？

デイヴィット・ドイッチュ（Deutsch［2011=2013］）の見解（その直接の批判対象はBostrom［2014］の超知能論ではなく、シンギュラリティ論全般だが）をパラフレーズするならば、もし仮に超知能が「人間の知性とは質的に断絶する、より高次元の知性」だとしたら、そのようなものはそもそも存在しえない、というよりもその概念自体が意味をなさない。仮に超知能というものがありうるとしても、それが人間の知性を凌駕していると言えるのは、あくまでも量的な基準の上でのみである。ドイッチュがそのように考える理由は、非常に乱暴に言えば計算論理学的なものである。極端に単純化して言えば、原始的なコンピューターであろうと人間であろうと超知能であろうと、それらはすべてしょせん万能チューリングマシンの一例にしか過ぎず、計算可能な問題は時間と資源さえあればすべて解けるが、計算不可能な問題はどんなに頑張っても決して解けない、との謂いである。

ドイッチュの考えでは、あえて様々な知能間に質的な階梯を設けるならば、重要な違いは「単なるオートマトンか、自律的な知能（人工であれ天然であれ）か」、である。この考え方に従うならば、人工知能の出現それ自体は、実は世界にそれほど劇的な変化を引き起こすわけではない。相変わらず「人間」は「道具」を使い続けるのであり、「人間」を使う「超人間」なるものは存在しない。ただし、その「道具」のなかには強力なオートマトン（非自律的人工知能）が含まれ、「人間」のなかには自然人と人工人（ＨＬＭＩ、自律的人工知能）が含まれる、ということになる。

2

ただしボストロムは、必ずしも人間と超知能の間の違いを質的な断絶としているわけではない、とも読める。量的な違いも激甚であれば大きな問題となりうるのであり、ボストロムの危惧はそのレベルでも十分に理解可能である。

ボストロムの本意を汲むならば、彼が超知能について危惧しているのは、それが人間とは質的に断絶した能力を有するからではなく、量的に圧倒的な優位（計算速度、記憶容量）に立脚して先手を打ってくるからである。さらに悪いことにはそれ以上に、このような超知能たちは仮に複数並び立ったとしても、その実力は拮抗することはない。猛烈に自己革新を続ける超知能たちの間の競争においては、わずかな時間の差が圧倒的な差を生むはずである。それらの間の競争は緊張をはらんだ拮抗ではなく、絶対的優位を確保した一者によるライバルの殲滅、生態的地位の独占に終わる可能性が高い。こうした単一勝利者たる超知能による統合された世界秩序をボストロムは「シングルトン（singleton）」と呼ぶ。

先に見たようにボストロム自身は慎重な物言い（「シングルトンは独裁的でも民主的でもありうる」など）をしているが、せんじ詰めれば彼の超知能に関する憂慮の核心はそこであると解すべきだろう。シングルトンとなった超知能には友も敵もいない。外界はすべて利用すべき手段、資源でしかなく、他者がいない。こうなってしまった超知能は、自意識を持っていようがいまいが、もはや「人間」ではいられないだろう。

ここでいう「人間」とは第7章で見た、アーレントの言う意味におけるそれである。アーレントの言う「政治」、公共空間における人間の自由の発露とは、つまるところお互いに同じく自由な存在であるところの人間同士の、予想しがたい不確実性をはらむコミュニケーション的相互行為のことである（Arendt［1958b=1973］。なお稲葉［2008］をも参照のこと）。シングルトンが成立した世界は、アーレントに言わせれば政治が消滅した世界にほかならない。それは仮に人間たちを滅ぼさず幸福にしたとしても、「よき全体主義」体制としか言いようのないものだろう。それがボストロムの示唆通り完璧な全体主義（稲葉［2008］の用語法では「ハイパー収容所／テーマパーク」）だとすれば、原理的にはそこからの脱出は不可能なのである。

そもそもボストロムが超知能について何を危惧しているのかは、実は必ずしも明らかではない。ボストロム（Bostrom［2014］）自体は非常に古典的に、超知能によって人間が排除され、滅ぼされることを危惧しているのだ、とまずは読めてしまうが、本当のところそれのどこが問題であるのか、が必ずしも明らかではない。超知能がシングルトンではなく、複数のＨＬＭＩであるならば、ある意味でそれらは「人間」であり、人間の遺産を引き継いでくれるだろう。それで何が悪いのか？　そもそも私たちの一人ひとりは、いずれは死んでしまう（Kurzweil［2005=2007］が固執しているuploadingの可能性についてはひとまずおく）。せめてもの慰めは自分たちに出自を持つ自分たちの後継者がいてくれることだが、それが機械知能であって何がいけないのか？

自律的人工知能は後継者としてふさわしくはないのか？　それが「哲学的ゾンビ」かもしれないからか？　それを言うなら我々はすべて、お互いが「哲学的ゾンビ」かもしれないという懐疑からは解放されえないのだから、悩むだけ無駄である。

それゆえボストロムの超知能についての最悪の懸念は、実は自然人の滅亡の可能性以上に、超知能のシングルトン化であると考えた方が生産的である。自然が滅亡してもＨＬＭＩないし超知能が複数存在して「社会」を作っていれば、そこにはまだ広い意味における「人間」が存在していると言える。これらの知能たちは互いにアーレントの意味での「政治」を、さらには（アーレントの言葉ではないが）「社交」をなし続けるであろうからだ。しかしながらシングルトンとなった超知能は、人間の後継者であるとは言えても、それ自体はもはや「人間」とは言いがたいとは言えない。シングルトンにとって外界はすべて利用すべき資源か、利用不可能な環境的与件であり、そこに操作の対象はあってもコミュニケーションの相手はいない。

すでに述べたとおり私としては、超知能はおろかＨＬＭＩでさえ、その開発を自己目的化する（すなわち、学術研究ならびに娯楽）以外での需要がそれほどあるとは思えないので、どれくらいボストロムの超知能への危惧を、それ自体として真に受けねばならないかについては留保しておきたい。ただし彼の超知能についての危惧の核心に、案外と古典的な「管理社会」への不安や「全体主義」批判と同じモメントがあるとするならば、なかなかに興味深いしいっそ心強いとさえ言える。

3

本書の行論から見てボストロムの超知能・シングルトンの概念が興味を惹起するいまひとつのポイントは、

宇宙植民とそれらとの関係である。ボストロム（Bostrom［2014］）では、超知能は自己増殖ロボットを用いて宇宙進出し、太陽系内どころか到達可能な宇宙の全域（宇宙植民事業開始時点の地球圏を起点とする光円錐、実際には局部銀河群 the Local Group）を植民地化していく可能性が高い、と予想されている。しかし普通に考えれば、光速度の限界から各宇宙植民地はそれぞれに独立した単位となってしまい（太陽系内でさえ数時間の時差が生じる。この時差はリアルタイム通信を不可能とするし、超知能にとっては人間にとっての年単位の時差に匹敵するものでさえありうる）、その結果シングルトンは崩壊せざるをえないはずだが、この点につきまともな検討はされていない。

ボストロム自身はこれらの宇宙植民ロボットは進化防止（evolution-proof）の仕組みを備えて、ほぼ未来永劫にわたって設計当初からの計画を忠実に遂行し続けるだろう、と予想するが、プロジェクトのタイムスケールが億年単位にまで及びうることを考えるならば、かなり不自然な想定であろう。そもそも自律的な自己増殖ロボットは、新しい環境で学習と自己改良を繰り返して、お互いに異なった存在へと変容していかざるをえないのであろうから「進化防止」という発想自体に無理がある。

自然に考えるならば、光速の壁にさえぎられて互いに孤立せざるをえない地球圏と各スペース・コロニー（特に太陽系外）は、自然人ではなくシングルトン出自のロボットたちを主役とするものであれ、早晩シングルトンのコントロールから独立せざるをえない。仮に相互の通信が確保されたとしても、恒星間通信は膨大な時差を伴わざるをえないのだから、そうした通信によって恒星間文明ネットワークと呼びうるものができたとしても、それは決してシングルトンではありえない。膨大な時差を伴って知識をやり取りする複数の「人間」たちの作る社会が、非常に奇妙な形で復活する可能性の方が高いのではないだろうか。そう考えると『「公共性」論』（稲葉［2008］）における、「仮に完全な全体主義体制というものがあるとすれば、それは内部から解体することも、またその外へ脱出することもできない」なる予想は変更を要請されることになる。全体主義もまた、光速度の限界には勝てないのだ。

補論2　デイヴィドソン＝ヒース的道徳実在論

本書において私は、私自身の積極的な道徳理論を、メタ倫理学レベルでも規範倫理学レベルでも前面に出すことを控えてきた。しかしながらだからといって、私自身が積極的な道徳理論を持たないわけではない。十分に洗練されたものではないとはいえ、比較的特異なタイプのメタ倫理学を、本書の議論は前提としている。その一部は第7章でも開陳したが、とりわけ自律型ロボットの「人格性」「人間性」を認める可能性についてのかなり前向きなスタンス——ロボットに対する人格承認に際しては、ロボットの側の客観的・内在的性質のみならず、それと交流する人間の側のスタンスが極めて重要となること、またこうした人間とロボットとの関係のとり結び方が、人間同士のそれへと影響を及ぼしかねないこと、の主張——については、その前提となる認識——暫定的に「デイヴィドソン＝ヒース的道徳実在論（Davidsonian-Heathian moral realism）」とでも呼んでおこう——について、ある程度の説明をしておいた方がよいだろう。

1

こうした私のいわば「関係論」的な立場は、アーレントはもちろんのことであるが、第1章註2でも若干言及した、二十世紀末葉に活躍した哲学者ドナルド・デイヴィドソンの仕事の影響を大きく受けている。デイヴィドソンが遺した「思考、意味、行為の統一理論」の構想（特にDavidson［2004=2007］）は、人間社会科学の一般理論の基礎として利用可能であるのみならず、倫理学基礎論——道徳の存在論にも援用可能である。デイヴィドソン自身は倫理学そのものを主題とした論文はそれほど残してはいないが、それでも没後の『合理性の諸問題』（Davidson［2004=2007］）第一部「合理性と価値」に収録された諸論文は価値論、メタ倫理学を主題としたものであり、価値の客観性、言い換えればある種の道徳実在論への強いコミットメントを示している。以下ではデイヴィドソンの全体系を瞥見したうえで、そこからうかがわれるメタ倫理学、道徳存在論を簡単に再構成することを試みる。その際、ジョゼフ・ヒース『ルールに従う』（Heath［2008=2013］）の試みも参考とされる。

a

デイヴィドソンの哲学体系は一見、行為論、その延長線上での「非法則的一元論」としての心の哲学（cf. Davidson［1980=1990］）と、アルフレッド・タルスキの真理論を基礎とした、真理条件意味論を主軸とした全体論的言語哲学（cf. Davidson［1984=1991］）の二側面からなるものとして我々の目に映る。しかしこの両系列は八〇年代以降、デイヴィドソンが「統一理論」「合理性の科学」と呼ぶより大規模な構想のなかに回収され、統合されるべきものであることがだんだんと明らかになってくる。

まずはデイヴィドソンの意味論、言語哲学について極めて大雑把に要約すると、以下のとおりである。

まず、言葉の意味を考える際の基本的な単位は個々の単語ではなく文であり、文の意味を考える際に基準となる（つまりすべてを尽くすわけではないが、典型的な）ケースとしては、文で表現されている命題が、現実世界の事実と対応していることである。これはいわゆる規約T、「つまり文Tが真であるのは、（世界のなかのある状況が）Tであるときであり、またそのときに限る」に表されている。たとえば「文「雨が降っている」

が真であるのは、雨が降っているときであり、またそのときに限る」というわけである（つまりこれが「真理条件」である）。ここで単語、つまり名詞「雨」とか動詞句「降っている」とか（さらに細かく言えば動詞「降る」助動詞「いる」）あるいは格助詞「が」についていきなりそれらの「意味」を考えるのではなく、そうした細かい単位から成り立っている複合体としての文「雨が降っている」をまずは意味の担い手と考える。そしてその「意味」を言語哲学的なジャーゴンで言えば「真理値」、文で表明されている命題の真偽、であると考える。あるいは「文」が対応している事実はもちろん、「文」（そして「命題」）という存在者は認めても、「文の意味」という存在者を想定する必要を特に求めず、「文TがTを意味する」とは要するに、「文TはTならば真であり、そうでなければ偽である」ということだ――文と現実という二者関係で十分で、文と意味と現実という三者関係を考える必要はない――、と考えるのである。となると文を構成するより小さな単位としての語の「意味」というのは、世界のなかの何者か、何事かに対応してそれを表しているというより、それがその部分となっている文の意味に対する貢献、寄与、機能として考えるべきだ、ということである。

しかしそれだけのことであれば、実のところデイヴィドソンの創見などではなく、述語論理学を創始し、現代的な言語哲学の始祖となったゴットロープ・フレーゲにおいてすでに見られた構想であり、デイヴィドソンもまたその伝統のなかに位置している。デイヴィドソン的な「全体論」とは、上にまとめた文単位の意味論よりもう少し強い何ものかである。

そこでもう少し進んでみよう。

全体論としてのデイヴィドソン言語哲学においては、語ではなく文が意味の基本単位とみなされるにとどまらない。「語は、それ自体で世界に対応し、何者かないし何事かを直接意味することは普通ない、という意味において意味論的な原子ではないが、文はそのような意味での意味論的な原子である」という意味論、言語理論は当然に考えられるものであるが、デイヴィドソンのそれはこうした「語については全体論、文については原子論」というようなものではない。それは文レベルにおいても、全体論を構想しようというものだ。つまり、世界に対応して何者か、何事かを表現しているのは、厳密に言えば一個一個の文ではなく、そのような文全体の集積、ネットワークとしての言語——口にされまた文字にされた様々な文、言語表現の全体——である、というのが、デイヴィドソンの意味での全体論である。

しかしまたしても、このような意味での全体論もまた、デイヴィドソンのオリジナルというわけではない。フレーゲ的な伝統のなかでは、デイヴィドソンの直接の先達というべきウィラード・ヴァン・オーマン・クワインが、こうした全体論の主唱者としてつとに著名である（cf. Quine［1980=1992］［1960=1984］［1992=1999］）。

では、デイヴィドソンの創見はどのあたりにあるのか？　それを考えるためにも、まずはクワインの議論を瞥見しておくことが望ましい。初めに示唆したとおり、デイヴィドソンの構想は意味論、言語哲学にとどまらず、行為論と統合されて合理的主体の一般理論とでも言うべきものの一部をなすものとなっているのだが、クワインもまたただ単に言語的意味論の地平にとどまっているわけではなく、その言語哲学は認識論、存在論にも通じていくものになっているのである。

クワインの全体論構想への入り口は、たとえば彼の有名な論文「経験論の二つのドグマ」（Quine［1980=1992］所収）における、「分析（的）－総合（的）」の二分法の批判あたりに見つけることができる。この二分法批判において念頭に置かれていたのは、たとえば二十世紀前半において有力だった哲学的意味論・認識論・科学哲学構想としての論理実証主義のプログラムである。

論理実証主義のプログラムにおいては、科学的な命題は分析的命題と総合的命題の二種類にきれいに区分される。前者は論理法則と語の定義によってその真偽が定まる命題（たとえば「独身者のなかには結婚している者がいる」は語の定義と論理法則から明らかに偽であり、実際に調査して確かめる必要はない）であり、経験的に検証される必要はないし、またそもそもできない。それに対して後者は、世界のなかの事実に即して、経験的にその真偽が検証されるべき命題である。論理実証主義の構想においては、この区別は厳密に維持可能であるから、たとえ分析的命題が相互依存的で、単独では具体的な意味を担えない、つまり「原子」ではありえないとしても、個々の総合的命題はそれぞれに検証可能であり、一種意味論的には「原子」として扱うことができる。

クワインはこの区別を拒絶——とはいかないまでも相対化し、分析性と総合性との区別は見かけほど自明ではない、と主張する。それゆえに、分析的命題のみならず、総合的命題もまた、意味論的な原子としての資格を失い、他の命題との関連のなかで初めてその意味を獲得するものだ、と位置づけしなおされる。かといって、すべての命題が分析的なものとなるというわけではもちろんない。純粋に経験的に、事実との対応によって真偽が決まる、「純粋に総合的命題」が存在しないだけではなく、逆に純粋に経験から切断され、世界的事実とは無関係に純粋に論理的に、あるいはもっぱら定義によってその意味が定まる、「純粋に分析的命題」もまた存在しない。だからクワインの議論は言語の水準で自己完結しているわけではなく、言語と世界の対応についての認識論、存在論をも含んでいる。そして彼の議論が「全体論的」であるのは「個々の命題、文の意味が言語全体のなかで決まる」とするからだけではなく、「そうした言語は全体として世界に対応している」とするからでもある。

さて、以上のようなことが先達たるクワインによってすでに論じられているとして、デイヴィドソンの独自性をどこに求めればよいのか？

デイヴィドソンの全体論は、実は言語的意味の全体論にとどまらない。まず、彼は言語レベルにおいてのみならず、信念や知識もまた全体論的な構造を持つ、と論じる（cf. Davidson［2001=2007］）。これはある意味で当然である。

分析哲学的な意味での「信念（belief）」なる語には注意が必要である。この枠組みでは信念とは、知識や欲求、意図と同様に「命題的態度」の一種であり、現代の日常的な日本語としては「思い」くらいにしておくとよいと思われる（分析哲学においては信念、欲求、意図、知識などは有意味な命題をその内容として持つ心的態度として「命題的態度 propositional attitude」と呼ばれる）。たとえば文Tであらわされるような事態があったとして、「信念B（T）を主体Aが持っている」という表現は「AはTだと思っている」と言い換えられる。ちなみに「知識K（T）をAが持っている」となれば「AはTだと知っている」であるし、「欲求D（T）をAが持っている」は「AはT（となること）を欲している」である。

信念や知識は命題的態度、すなわち言語的な構造に従う何事かである以上、それらもまた全体論的なものであることは自明であるように見える（あるいは命題的態度ではないような知識・思いはここではさしあたり度外視されている）。実際、クワインもまた彼の全体論的哲学を狭義の言語にとどめているわけではない。しかしデイヴィドソンは、ただ単に現実世界、知識・信念の世界、そして言語の世界の間に、並行した対応関係を想定しているわけではない。彼が「全体論」と言うときには、ただ単に言語的意味が全体論的であり、知識や信念もまた全体論的である、と言っているのではない。言語的意味と知識・信念といった心的現象をひっくるめた総体が、相互依存的な全体をなしている、と彼は考えている。

ただ単に知識・信念も言語的意味もそれぞれに全体論的である、というだけでは、この二つの世界、二つの水準の間に単純な対応関係があり、さらにどちらか一方のもう片方への還元さえもまた可能である、と考えられてしまう余地がある。しかしデイヴィドソンはそうは考えない。信念・知識と言語的意味とは相互に参照され、同時決定される。これがデイヴィドソンのアイディアである。具体的にはそれは「寛容の原理（principle of charity）」と呼ばれる公準に表れている。この言葉づかい自体はクワインと共有されているが、デイヴィドソンとクワインでは同じ用語に込めたニュアンスが異なる。『ことばと対象』（Quine［1960=1984］）のクワインが「根元的翻訳（radical translation）」、つまりはある言語表現と別の言語表現の対応について語るのに対して、デイヴィドソンは「根元的解釈（radical interpretation）」（Davidson［1984=1991］）、つまり言語と信念、さらには信念と信念との対応について論じる。

「根元的翻訳」「根元的解釈」とは、未知の言語の発話者を前にしたとき、解釈者がどのようにしてその発話を解釈するか、という思考実験であり、クワインは「発話者の表明した発話（らしきもの）のなかに、発話者と解釈者が共有する状況についての肯定的描写が含まれている」可能性に賭けて、そうした状況の共有を手掛かりに個別の発話の理解、さらにそれを積み上げて、その背後の未知の言語全体の理解への道を進んでいく、というシナリオを提示した。それに対してデイヴィドソンは、未知の発話者の断片的発話（らしきもの）を解釈するための戦略として、その発話の背後に話者の信念を見出そうとする。デイヴィドソンの解釈者は、未知の言語の話者もまた、少なくとは自分と同程度には合理的な存在であるはずで、だとすれば話者の信念体系もまた自分と同程度には合理的なはずだ――論理的に整合的で、現実世界を適切に認識しているはずだ、と想定する。それももちろん賭けであるが、この賭け以外には、未知の発話者の発話（らしきもの）を解釈するための有効な戦略はほとんど考えられない。これが「寛容の原理」である。発話を理解するためには、その発話の体系性を支えている、発話者の合理的主体性を想定してかからねばならない。デイヴィドソンの言う「全体論」とはつまりそういうことである。これは発話を信念に還元するということではない。そもそも信念自体は観察不能であって、想定するしか——それも個々の信念をというより、その具体的な細部は不明だが、全体としては秩序立っているだろう、信念体系を想定するしかないのである。

ところでこの「寛容の原理」に導かれた意味と信念の全体論という構想を提示する際にデイヴィドソンは、そのインスピレーションの源泉として、ベイズ的意思決定論を引き合いに出す。それは不確実な世界を前にしての、合理的主体の意思決定理論である。デイヴィドソンはそのキャリアの初期において、パトリック・スッピスらのパイオニアに誘われ、意思決定理論にかかわるいくつかの論文の共著者となっている。

いわゆる期待効用理論によれば、不確実な世界に直面する主体は、もしも合理的であるならば、起こりうる将来の可能性に対して、整合的な予想を形成することができる。ここで「合理的」というのは、たとえばただ単に「論理的に一貫した思考を行うことができる」という謂いではない。「論理的に思考したうえで、それをもとに自分の効用を最大化しようとする」という、経済学的な合理性がここでは問題となっている。期待効用理論の説くところでは、このような意味での合理性を備えた主体だけが、不確実な世界において、その世界のなかで起こりうる将来の可能性に対して、整合的な予想を組み立てる（数学的に言えば、起こりうる事象に対して、一貫した確率分布を割り当てられる）ことができる（テクニカルな細部については、ミクロ経済学や意思決定論の教科書を見られたい）。

これを哲学の言い回しに置き換えるならば、不確実な世界についての予想、それぞれの可能性に対する主観確率の割り当ては「信念」である。合理的主体はまた、起こりうる可能性に対して、こうなってほしい、こうであってほしくはない、という希望、願望、つまりは「欲求」もまた持っている。そして期待効用理論の説くところでは、信念と欲求とは相互依存的であり同時決定される。世界のなかの可能性に対してシステマティックな欲求を持っている者でなければ、その可能性についての予想を立てることはそもそもできない、というのである。

見たとおりデイヴィドソンの意味と信念の全体論はベイズ的意思決定論にインスパイアされているわけだが、さらにこの意思決定論が欲求と信念の全体論として解釈される。そしてこれらが単に並列されるのではなく、結合されて欲求、信念、意味の全体論――統一理論が展望されるわけだ。デイヴィドソン自身の言葉に従えば「態度内全体論」のみならず「態度間全体論」もまた必要である、というわけである（Davidson［2004=2007］）。

統一理論においても、その思考実験において想定されているシチュエーションは「根元的解釈」のそれと同様である。発話者の発話を解釈者が懸命に解釈しようとしている。その際解釈者にとって利用可能なデータは、発話者の発話行為であり、そこに現れる発話者の、発話の真理性へのコミットメントである。そこから解釈者は、発話の具体的な意味内容はとりあえずわからなくとも、発話者と自分が共有している状況をもとに、発話の真理条件を理解し、さらには発話者の信念をも推測していく。ここまでは「統一理論」手前の「根元的解釈」のお話である。「統一理論」の構想においては、発話者の発話へのコミットメントから、信念（発話内容をどの程度発話者が信じているか）のみならず、欲求（発話内容に表現された状況を発話者がどの程度欲しているか）までを解釈者が解釈していく、と考えるのである。

欲求抜きの、信念と意味の全体論においても、複数の発話の解釈を通じ、発話者の発話、それを支える言語と信念の体系性が、「寛容の原理」に従って解釈者によって再構成されていく。ただしそこでの信念はまだ「発話の真理性へのコミットメント」という以上のものではなく、発話者がどの発話にどの程度コミットしているか、というコミットメントの強さ――信念の強さの量的な差違が十分に見えてこない。これに対してベイジアン意思決定論においては、選択肢の間の選好関係の背後に、一次元的な尺度としての効用が見出される。そこでリチャード・ジェフリーは、選考の対象である選択肢を、発話される文の命題によって表現される状況と解釈し、それに対する主体の選好関係を想定する（Jeffrey［1983］）。そして合理的な選好関係の背後には効用関数（フォン・ノイマン＝モルゲンシュテルン効用関数とは若干異なるタイプのものであることをジェフリーは示しており、デイヴィドソンはそれを受容している）を想定できるため、発話者は自らの発話で表現される状況に対して、それぞれにそこから得られる効用＝それぞれの状況の望ましさ（desirability）を割り当てることができる。そしてジェフリーは、発話者主体がそれぞれの状況に割り当てた望ましさから、発話者主体がそれぞれの状況に想定した主観確率までをも導き出す手順を提示した。このジェフリーの示した手順を継承することによって、デイヴィドソンは意味・信念・欲求のそれぞれが相互依存しあって還元不可能となる、全体論の構想に到達したのである。

b

さてこの「統一理論」によって合理的主体性の原理論の基本的な方向は定まってしまったと言ってよいほどなのだが、そこから社会理論へはどのように展開していけるだろうか？　まずはそもそも「根元的解釈」論以来のデイヴィドソンの議論枠組み自体が、最初から社会的なものであったと言える。すなわち、行為者の理解は単なる観察と、そこからの法則性の帰納ではなく、相手に合理的主体性を先取り的に想定する（つまりそれは「寛容の原理」である）「解釈」であるのだから。ただし典型的にそこで想定されている状況は、発話者による発話行為の解釈というまさに「コミュニケーション」ではあるとはいえ、原理的には、自らは発話しているつもりのない行為者のふるまいを第三者として観察しつつ解釈する、という状況もありうることは気を付けておかねばならない。問題は我々が典型的な状況として準拠すべきは、どちらか、ということだろう。

状況がコミュニケーションである場合、つまり観察対象の行為主体が発話者として観察者に意図的にコミュニケートを試みている場合には、ポール・グライスの言う、会話における「協調の原理（cooperative principle）」（cf. Grice［1989=1998］, Sperber & Wilson［1995=1999］）の作動が想定できる。ごく乱暴に言えばグライスの言う「協調の原理」とは、発話者は受け手にとってわかりやすいように発話を心がけるという行動準則であり、またそういう準則に発話者は従っているだろう、という受け手の側での想定である。解釈者サイドにおける「寛容の原理」の、発話者サイドでのカウンターパートである、と解釈できなくもない。そこに社会的関係を想定するならば、相互の合理的主体性としての理解可能性は、大まかに言えば保証されている。

しかし、そうではない場合には？　ここで観察者が、観察対象と社会的関係に入らない場合には？　それでも、デイヴィドソン流を忠実に踏襲するならば、たとえ対象に対してコミュニカティヴにはたらきかけず、一方的に物陰から、純粋に客観的に対象を観察していたとしても、対象を合理的行為者として「理解」し、その行動を有意味なものとして「解釈」しようとするならば、それは対象と現に社会的関係を取り結ばずとも、潜在的にはそのような関係に入りうるものとみなさざるをえない、ということになるはずである。これは「寛容の原理」のコロラリーと言うべきだろう。

以上に加えて、最後に、デイヴィドソンにおける「真理の社会性」とでも言うべきアイディアに触れておかねばならない。

すでに触れたようにデイヴィドソンの言語哲学、意味論は「真理条件意味論」と呼ばれている。それはかいつまんで言えば「文の意味を理解するということは、その文の表す命題が真となるためには、世界がどのようになっていなければならないのか、世界のなかにどのような状況が成立していなければならないのか、を理解するということである」という発想である。

これは著しく客観主義的で実在論的な発想である。すなわち、ある命題の真理条件とは、「その命題が真であるために成り立っていなければならない条件」であるが、その命題を文（ないしそれに類する表現）として発話する話者は、それを発話するために、その命題の真偽それ自体を知っている必要はなく、またその真偽を確かめることができる必要さえもない。裏返して言えば、基本的に命題は真か偽かそのどちらかに決定しており、そのことは命題を発話する、発話せずとも信念として心に抱く人間の認識能力――その真偽を確かめる能力には関係がない。人間が決してその真偽を具体的には知りえない命題であっても、その真偽は決定している。そしてそのような命題についても、人間はその命題と対応する真理条件の関係についてなら、認識し語ることができる。もう一度平たく言うと「（人間が発話できる）文、そこに表現された命題の真偽は、人間の認識能力のいかんにかかわらず、それとは無関係に客観的に決まっている」という思想が、真理条件意味論の根本にある。

このような真理と意味に関する強力な客観主義的実在論――認識論的に言えば非基礎づけ主義・外在主義――はともすれば、人間に対して神のごとく真実を認識する能力を要求する無茶な議論であるかのように見える。もちろんすでに見たように、具体的な存在者としての人間は、無知で有限な存在であることは認められている。しかしにもかかわらず、そうした無知で非力な人間は真理について有意味に考え語りうる権利を保障されているのであり、その限りでは、人間に対してそうした資格を保証する理論家に対しては、ほとんど神のごときポジションが与えられているかのように感じられてしまう。同様のことは、その全体論的言語観についても言えよう。

一見、こうした実在論・外在主義は全体論――それはただ単なる「意味の全体論（態度内全体論）」ではなく、「意味・信念・欲求の全体論（態度間全体論）」である――と組み合わされたとき、無限の知力を人間に要請しているかのごとく見えてしまうが、デイヴィドソンの本意はもちろんそこにはない。デイヴィドソン自身

が

我々が全体論を採用しなければならないのは、他の命題的態度についてのまだテストされていない仮定が立てられる場合にのみ、ある証拠を任意の一つの命題的態度にたいする証拠と正当にみなすことができるという事実があるからである。（「価値評価を表現すること」Davidson［2004=2007］六六頁）

と述べていることからも明らかなごとく、全体はある部分の意味を確定するために、すでにあらかじめ確定されているのではない。そうではなく、あたかも確定――とは言わないまでも大体安定しているかのごとく仮定されるのである。全体は既知なるがゆえに前提と「される」のではない。反対に、未知であるからこそ前提「されざるをえない」のだ。ここで「仮にその仮定がとてつもなく間違っていたら?」と問うても無駄である。もし仮にそうだったとしても、できることは何もない。

さらにそれに加えて、デイヴィドソンは「人間が世界認識なり他者理解なりにおいて「全面的に間違っているかもしれない」という懐疑にはそもそも意味がない、なぜなら何事かについて「間違っている」と言えるためには、それを「間違っている」と判定するための正しい基準を前提としなければならないから」（「真理と知識の整合説」Davidson［2001=2007］所収）と論じる。我々は、「人間の認識や理解はおおむね正しい」と仮定してよい、というより、そう仮定する以外にできることは何もないのである。

このように強力な客観主義的実在論を手にした以上、発話の意味とはその真理条件のことなのだから、客観的に実在する状況を共有している主体同士、同じ物理的世界のなかに存在している主体同士は、当然に意味をも共有する。この、複数の主体とそれらが共有する客観的実在との三角関係に対して、デイヴィドソンは「三角測量（triangulation）」なるアナロジーを適用する（cf. Davidson［2001=2007］［2004=2007］）。

ここで、状況を共有しつつコミュニケートする、あるいは直接コミュニケートしないまでも、お互いをコミュニケーション可能な存在として理解しようとする主体同士は、ただ単に客観的実在世界を共有するだけではない。相手をコミュニケーション可能な主体として理解しようとするならば、相手も自分と同質の合理的な主体と仮定しなければならない――つまりはその主体のうちに信念・欲求・意図等々の命題的態度の整合的な体系を想定しなければならない、というだけでもない。驚くまいことか、ある意味で話者、ないし行為者とその発話ないし行為の解釈者とは、合理性のみならず意味の体系、すなわち〈言語〉でさえも共有している、と想定せざるをえないのだ。

とはいえこの場合共有されていると仮定されるべき〈言語〉は、たとえば日本語や英語、記号論理の体系や数学、あるいはＢＡＳＩＣやC言語といったプログラミング言語という風に、我々が具体的に「言語」と呼んでいる具体的なシステムのことではない。そのような、普通の意味での「言語」の共有を前提しないのが、「根元的解釈」という思考実験が想定する状況である。しかしそのような状況においてさえ、解釈は可能であり、解釈者は行為者の、あからさまに発話とわかるもののみならず、有意味と見えるふるまい全般を観察し、その発話・ふるまいのうちに行為者の状況へのコミットメントを見出し、そこから行為者が発話・ふるまいに込めた意味と、状況についての行為者の信念とを推測していくことができる、とデイヴィドソンは考える。さてそうした状況において、解釈者はそのつどその都度行為者のふるまいを解釈するための暫定的な枠組み（デイヴィドソンは「当座理論 passing theory」と呼ぶ）を作っては修正し、の繰り返しを行っていくだろう。理解がそれなりに進行している限りにおいて、この「当座理論」はその都度そのつど場当たり的に、主体間で共有されていることになる。たとえろくに「先行理論（prior theory）」を共有していない者同士であっても、「当座理論」は共有できる、というよりもできていると想定せざるをえない。普通の意味で我々が、人々があらかじめ共有している／していないを論じるあれこれの具体的な「言語」とは「先行理論」であり、そうではない、つねにすでに場当たり的に共有されていると仮定するしかない〈言語〉とは「当座理論」のことである。このような状況は「つねにすでにそこに〈言語〉が成立している」というより、むしろデイヴィドソンにならって「いわゆる「言語」なるものは実は存在しない」（「墓碑銘の素敵な乱れ」in Davidson［2005=2010］）と言うべきなのであろう。

かくして客観的世界は確かに実在し、それを踏まえるがゆえに客観的真理なる概念には意味があり、それは客観的であるがゆえに人々の間に、思考する合理的な動物の間に共有されており、その意味で真理は社会的である、と言える。しかしデイヴィドソンはもちろん、もう少し無難なわかりやすい方向からも真理の社会性について論じてくれている。「態度間の全体論」に従えば、厳密には（主観的）信念と（客観的）意味とは相互前提関係にあって還元不能なのだが、あえてここで説明の便宜のために「客観的意味なしの主観的信念」を想定してみる。孤独な動物であれば、こうした信念の主体でありうるだろう。しかし他者とともにある社会的な動物は、主観的な信念の世界に自足するわけにはいかない。同じ世界を共有する他者が、同じ世界内の同じ事物に対して、自分と同様に、その他者なりの信念を有するはずだ。となれば、両者の信念の摺合せ、比較といった問題が、コミュニケーションにおいて発生するだろう。そのなかで合理的主体は、ただ単に信念を持つだけではなく、信念の「概念」、自分が信念を持つという信念を獲得する。そのことは同時に、単なる（主観的）信念ではない（客観的）真理の概念を含意せざるをえない――大体こんな風にデイヴィドソンの理路は展開する。

2

以上、デイヴィドソンの「統一理論」につき瞥見してきたが、ここからどのような道徳理論が引き出されうるであろうか？　デイヴィドソン自身は先述のように価値の客観性について若干の論文をものしてはいるが、まとまった（メタ）倫理学的主張を展開しているとは言いがたい。ただいくつかのヒントは見られる。第一に彼は価値評価を欲求に基づけるという理解を示している。人が何かを肯定的に評価するということは、その対象に対して何らかの――それを消費したいとか利用したいとか鑑賞したいとかいった――欲求を抱いているということだ、とデイヴィドソンは考えている。彼の言葉で言う「評価的態度」は当然に命題的態度の一種であり、さらに言えば「欲求」という命題的態度の一種のさらに下位部門をなすのである。そう考えれば、彼自身によっては十分展開されなかったデイヴィドソン的価値論というものがあるとすれば、それは当然ながら「統一理論」の一部をなす。

ただそれだけではまだそのデイヴィドソン的価値は、ある種の私的欲求にとどまり、公的な価値としての道徳的価値であるとは言いがたい。もちろんデイヴィドソン的価値はある意味で客観的である。つまり公的に表明可能であり、他者による理解を受け付ける、という意味で客観的であるし、そうした価値評価の対象は、実在する何ものか、何事かとして客観的である。先に見たように実在する対象は、複数の認識主体によって様々な角度から認識されるがゆえに、真理は社会的であるわけだが、デイヴィドソンによれば認識の主体は通常、欲求の主体でもあるわけだから、実在する対象は欲求主体＝評価主体によって様々に評価される。私的な価値評価の多様性は、評価対象の客観的実在性を前提としている。

しかしながら繰り返すが、そうした価値評価は普通の意味での道徳的評価ではない。いや、おそらくは道徳的評価はその一部であるが、独特の性格を持っている。そこのところを詳らかに論じる前に、デイヴィドソンは亡くなってしまった。

道徳的価値の特殊性とは、さしあたり乱暴には、それが公的であること――特定の主体の私的な欲求によって価値づけられるのではなく、何らかの意味で公的な価値に貢献するがゆえに評価されるというところにある、と言えよう。問題はその公的な価値とは具体的にどのようなものか、それを評価する主体とは何か、である。こうした公共的な価値とは具体的にどのようなものか、それを評価する主体とは何か、である。こうした公共的な価値の立て方がそれ自体多様であること、それがデイヴィドソンの理解するところの道徳的価値の相対性、コンフリクトの根源であり、それはなんら価値――私的であろうが公的であろうが――の客観性とは矛盾しないというわけである。

3

公的な価値は具体的には多種多様でありうるが、何らかの意味での公的な価値なしには人間はいられない――私的な価値を追求するだけ、ただ私的な欲求の実現を目指すだけではいられない、ことの論証は、たとえばジョゼフ・ヒースによって試みられており、それはほぼ完全に意味理解、信念理解における「寛容の原理」の発想のパラフレーズである（Heath［2008=2013］）。私もここでヒースとは少し違ったやり方で、「寛容の原理」の延長を試みよう。

他者のふるまいを理解しようと思ったら、我々はその当の他者に対して、合理的主体性を想定せずにはいられない。ほかに我々にできることは何もない。ただしデイヴィドソンの議論の範囲では、そこでのコミュニケーションは、それぞれに自らの私的欲求の実現を目指す者同士が、お互いの私的欲求の追求に際しての合理性を想定しつつ、互いの行為の意味を読み合う、というだけのこととしても理解しうる。

そこから少しだけ進んでみよう。デイヴィドソンがはっきりと言ったことは、合理的な主体のまさにその理性、主体性は、同じように合理的な主体たちとの間でのコミュニケーションの過程を通じてしか成り立ちえない、ということである。ここでの「成り立ちえない」という「べき」論にはもちろん、さしあたりは道徳的な意味合いはない。では、「現実はそのようなものとしてしかありえない」という必然性を意味しているのだろうか？　ある意味では然り、ある意味では否、である。ある生き物たちが存在していて、それらの間に、ここまで論じてきたような意味でのコミュニケーションが成り立っているとすれば、そしてそのときに限り、これらの生き物たちはそれぞれに合理的な主体であり、それぞれに信念と欲求を持って行動し、お互いを信念と欲求を持った存在とみなし、お互いの間の信念のずれを調整するために客観的な現実、「真理」の概念を獲得している、と言える。そうではないとしたら、これらの生き物たちは合理的な主体たちではない、ということだ。

ここから道徳的な意味での「べき」論に進むためには、どうしたらよいのか？　ヒースが試みているのは、「寛容の原理」のさらなる、少しばかり特殊な方向の拡張である。私なりにパラフレーズすれば以下のようなものだ。すなわち、

合理的な主体たちが合理的な主体のままであり続けるためには、それらの間でのコミュニケーション過程が存続しなければならないから、合理的な主体たちはただ単に自分たちの私的な欲求を追求するだけではなく、このコミュニケーション過程そのものの存続に貢献し続けなければならない。そのために何が必要か、はもちろん具体的な状況に応じて多様であるが、大まかに言えば、コミュニケーションに参加する主体の一人ひとりが、とは言わずとも、少なからぬ主体たちがコミュニケーションに参加することができる

ように互いにサポートする、あるいはそこまで行かなくとも、互いに邪魔をしない、というコミットメントが必要であろう。またこの主体たちが共有する状況、生存環境それ自体の維持へのコミットメントもまた、あった方がよいだろう。

と、こんな風に論じていくことができる。これが「寛容の原理」のパラフレーズ、とは言えなくとも、極めて似通った推論から導かれることは明らかだろう。

「根元的解釈」における、道徳抜きのレベルでの「寛容の原理」による推論においては、他者を理解しようとする主体にとっては、他者の最低限の合理性を仮説的に前提する以外には、できることは何もない――その仮定を捨てることは、理解の可能性を捨てることである。理解したいと思う相手が本当のところ合理的なのかどうか、はやってみなければわかりようがない。しかしながらここで他者理解を、コミュニケーションを試みる主体には「このような場合には「寛容の原理」に従い、そうでなければそれを捨てて他のやり方に訴えてコミュニケートする」などという選択の余地はないのだ。「寛容の原理」を捨ててもできることはもちろんあるが、それはもはや他者理解、コミュニケーションではない。コミュニケーションを続けようとする限り、「寛容の原理」は捨てようがないのだ。

道徳を導入したうえで、この推論をやりなおすとどういうことになるだろうか？　他者を理解しようとするならば、相手に最低限の合理性を想定するだけではなく、相手にいわばコミュニケーションへのコミットメント、たとえば自分のことを理解させようという最低限の「善意」（「協調の原理」）を想定し、コミュニケーションの相手たる自分に少なくとも当面は危害を加えないだろうという信頼をある程度持つことなくしては、コミュニケーションを継続することができない、ということである。

ただ、道徳の次元が導入されることによって、もともとの「根元的解釈」とは異なる契機もまた入り込む。「根元的解釈」の状況において、いかに解釈者が「寛容の原理」のもと努力してもついに相手が理解不能のまま、コミュニケーションが不可能だったとしよう。しかしこの場合には、相手はただ目の前を通り過ぎ、交渉が成立しないまま、という状況も考えられる。この場合の「コミュニケーションの破綻」の典型例は、そうした「すれ違い」であろう。

それに対して道徳の次元が入り込んでくる場合には「コミュニケーションの破綻」の典型例は単なる「すれ違い」を超えて、より積極的な破壊、すなわち、相手がこちらに危害を加えてくる可能性こそが想定されることになるだろう。だから道徳の構成契機は、「寛容の原理」にとどまらないことはもちろんだが、「協調の原理」でも足らない。単なる逃避にせよ、あるいはより積極的な反撃による自衛にせよ、コミュニケーションそのものを破壊しようとするものに対する対処の戦略が必要になってくる。

――と大略このようにして、公的な価値としての道徳的価値というものが浮かび上がってくる。コミュニケーションの過程の存続、その前提として、コミュニケーションに参加する主体たちの平和的共存それ自体への貢献、あるいは侵害の程度によって、物事は私的な好悪を超えた、公的な評価の対象となる。そうした評価は、ある一連のコミュニケーション過程に参加している主体たちの間で、おおむね一致する――大体において整合する傾向を持つだろうから、その意味で普遍化可能であるし、その限りで客観的である、と言ってよい。

このようなメタ倫理学上の立場をとるならば、それは（本書では主題の外においたが）ＳＥＴＩに対してもかなり強い含意を持つことになる。すなわち、地球外知性との接触においては「問題の地球外知性体が、人間とコミュニケーションをとれるほどの相手であるならば、我々は普通の意味での知性、合理性のみならず、道徳性をもそれに期待しないわけにはいかない」という主張がそこから帰結されることになってしまう。

ＨＬＭＩロボットについてはむろん、いま少し事情は複雑となる。何となればそれらは、人間とは無関係に客観的に存在しこちらにやってくるものではなく、人間が開発して実現するものだからだ。それでも我々はたとえば「自然人とコミュニケートしうるロボットを製作しようとするならば、また同時にそのロボットを道徳的な存在にしないわけにはいかない」程度のことは主張しうることになる。言うまでもなくその逆、すなわち「道徳的にふるまえるロボットを製作しようとするならば、そのロボットはまた同時に、自然人とコミュニケートしうる存在にしないわけにはいかない」はほぼ自明のことであるが、その逆は必ずしも自明ではなかったであろう。しかしながらここでの我々の立場、すなわちデイヴィドソン＝ヒース的な意味での道徳実在論に従うならば、「理性的・合理的だが道徳的ではないロボット」は、ただ単に「作らない方がよい、作るべきではない」のみならず、「作れない、とは言えないが作りにくい」くらいまでは言えることになるだろう。

註

◆はじめに

（1）念のために申し添えておくならば、ある原理原則とか行為のルールとかが歴史的・地理的・文化的等々の意味で特殊でローカルな出自を持つことと、それが現代の倫理学・道徳哲学風に言うならば「普遍化可能であること」――道徳的文脈に即して乱暴に言うなら、その道徳原理・原則にあらゆる人々が従うことが可能であること、その道徳原理に従っていては実は人々が共存できず、社会が解体してしまう、というようなことはないこと――とは矛盾しない。普遍化可能性についてより厳密にはHare［1981=1994］を参照。ヘアの倫理学の歴史的意義については簡略には児玉［2010］を参照。

（2）このようなリベラリズム理解の普及にあたって力があったのは何といってもジョン・ロールズ（Rawls［1999=2010］ほか）である。なお簡明なマニフェストとして長谷部［2000］。

◆1

（1）研究者やSF作家たちがものしてきた宇宙開発にかかわる空想の歴史を紐解くならば、「国家を挙げてのプロジェクトとしての宇宙開発」という発想自体が必ずしも自明ではなく、案外と新しい。二十世紀初頭までを見るならば、SFに登場する典型的な宇宙探検家は、個人的な冒険家であることが多かった。SF作家エドモンド・ハミルトンの妻で自身もSF作家であったリイ・ブラケットは、一九三〇年代前半に原型がものされ、一九五二年に日の目を見た夫の短編（Hamilton［1952=1972, 2004］）を「国家を挙げてのプロジェクトとしての宇宙開発」を描いた先駆的作品としている（Brackett［1977］）。

（2）宇宙開発の歴史としては鈴木［2011］、佐藤［2007］［2015］、冨田［2012］ほか。

（3）公共経済学の入門的教科書としてはたとえば常木［2002］を参照のこと。またこの辺の問題、とりわけ教育についての私見は稲葉［2016］。

（4） 以下の「人間原理の宇宙論」をめぐる議論についてはDeutsch［1997=1999］［2011=2013］、Bostrom［2014］、三浦［2006］［2007］を参考にしている。また哲学プロパーからの宇宙存在論のより包括的な試みとして、Vidal［2014］がある。ヴィダルの言う“cosmological ethics”はおおむね本書の用語法での「ロングレンジの宇宙倫理学」に対応する。

（5） ここでの「実在論／反実在論」の対比は、ドナルド・デイヴィドソンの「真理条件意味論」（Davidson［1984=1991］）とマイケル・ダメットの「検証主義意味論」（Dummett［2004=2004］）、さらにその背後の存在論的対立を意識して、それを宇宙論の土俵に移し替えたものである。この対立については主に野本［1988］の解説、永井［1995］におけるパラフレーズを参考にしている。ただし永井［1995］はデイヴィドソンにもダメットにも明示的に論及はせず、むしろヒラリー・パトナム（Putnam［1981=1994］）の有名な思考実験「槽のなかの脳」を意識して議論を展開している。ここでの「多宇宙一般についてではなく、特定の他の宇宙について考えることはできるか（できない）」という議論も、むしろパトナムと永井のパトナム解釈を意識している。なお人間原理の宇宙論についての哲学的考察としては、三浦［2006］［2007］を参考にしている。

（6） 以上についてはDyson［1979=1982］、Deutsch［1997=1999］［2011=2013］、Baxter［1995=1998］、Bostrom［2014］。

（7） 宇宙法・宇宙政策については山本［1994］、大沼［2005］といった国際法学の基本書にも独立項目が立てられており、日本の宇宙政策についても青木［2006］という成書がある。さらに宇宙ビジネスの実務をも踏まえた小塚・佐藤［2015］も無視できない。資料としては慶應義塾大学宇宙法センター［2013］。なお、国際政治学的概説としては鈴木［2011］がある。

（8） 「空間説／機能説」についてはさしあたり小塚・佐藤［2015］。より詳しくは山本［1966］［1975］。

（9） メタ倫理学と規範倫理学の区別については、大抵の倫理学の概論的教科書を見れば説明がある（たとえば伊勢田［2008］）が、哲学の歴史において「メタ倫理学」なるアプローチが自覚化されてくるコンテクストを見るには、児玉［2010］がよい。

（10） 先に紹介したMilligan［2015］はこのような「ミドルレンジの宇宙倫理学」の先行研究としての側面を持つが、

そこではテラフォーミング（terraforming）や世代間宇宙船といったテーマが取り上げられている。しかし本書ではそれらはほぼスキップしている。テラフォーミング、惑星スケールでの環境改造を無視する理由は、それに必要なタイムスケールが少なくとも一万年単位となることが予想され、本書の立場からすればむしろ「ロングレンジ」に入りかねないからである。世代間宇宙船の問題については、第４章で簡単に触れる。

◆**2**

（1）以下のオニール型スペース・コロニーについての考察に際しては、Adler［2014=2014］第七章を参考にしている。

（2）小惑星の資源としての圧倒的優位性についてはAsimov［1963=1978］をも参照。

（3）オニールの構想の「ユートピア」性については永瀬［1993］。

（4）ただし本書ではこの「地球最後の日」問題、人類滅亡を帰結しかねない（人口爆発のような長期にわたるのではなく）急激な破局からのサバイバルのための宇宙進出、エクソダスとしての宇宙植民の問題はあえて取り上げない。このような可能性を軽視するわけではないが、この問題については宇宙倫理学の文脈においてよりも、まずもって災害倫理学の文脈において考察すべきである。「宇宙植民以外に人類存続の道はない」という可能性を過度に重視することは、むしろ宇宙植民、人類の宇宙進出の意義についての真摯な考察にとってむしろ障害となる。なお稲葉・保田［2016］をも参照のこと。

（5）むろんコロニーの輸出産業として考えられるのは太陽光発電だけではないが、無重力や真空を利用した素材工学的アイディアについては、Adler［2014=2014］が丁寧にダメ出しをしている。いまひとつの有力なアイディアとしては、コロニーの素材を小惑星に求めるのみならず、その小惑星の資源を地球に輸出する、というものであるが、電力に比べた場合地球上の鉱山に対する競争優位をどれだけ確保しうるかは疑問なしとしない。なお小惑星鉱山の問題については第４章をも参照のこと。

◆**3**

（1）宇宙エレベーターの実現可能性を、本書で考察に入れてはいないこともそれと無縁ではない。もちろんその実現可能性は、超光速に比べれば問題にならないほど高いが。cf. Adler［2014=2014］.

（2）二〇一三年にＮＡＳＡが発表した「小惑星イニシャティブ」においては小惑星を丸ごと地球圏まで移送するプランが提示されているが、地球近傍の、サイズ的にも数十メートル程度のものを想定しているので、ここでの資源利用目的の大質量輸送とはわけが違う。寺薗［2014］ほか。

（3）野田自身は講演において積極的にそう展望している（野田［2014］）。

（4）「シンギュラリティ（singularity）」についてはのちに論じるが、Shanahan［2015=2016］、またこの語の使用を拒絶しているがBostrom［2014］を参照のこと。

◆4

（1）二〇一六年に発表されたBreakthrough Starshot（http://breakthroughinitiatives.org/）計画は言うまでもなく無人ミッションであり、ナノクラフト、つまりlight sailを広げた極小サイズの宇宙船を地球側からのレーザーでもって帆走させるものである。

（2）なおMilligan［2015］はこの世代間宇宙船問題に丸々一章をあてており「仮に実行可能だとしても、世代間宇宙船は第二世代目で目標に到達できるものでなければ、倫理的に容認できない」と結論している。おおまかなロジックとしては「第一世代は目的地を見ることなく道中で倒れることを自己責任で引き受けているが、後続世代は航行途上で生まれるという自らの運命を選ぶことはできないのだから、せめて目的地に到達できなければ彼らの生に甲斐がなくなる」というものだが、根拠薄弱な論証である。誰であれ自らの生まれる環境を選ぶことはできないのであるから、世代間宇宙船の航行途上で生まれることによる決定的な不利益は、そこに生まれたこと自体ではなく、世代宇宙船という閉鎖空間から脱出することができない、ということである。しかし人間的生にとっての「開放空間」が単に物理的空間というよりも社会的世界のことを意味するのであれば、目的地への到達は決してそこからの解放にはならない。ミリガンの論法の精神により忠実に考えるならば、地球への帰還のみが解放を意味するはずである。すなわち、リベラルな倫理を前提とする限り、世代間宇宙船そのものが倫理的に正当化できない、と考える方が理に適っている。

◆5

（1）この問題に本格的に取り組んだBostrom［2014］も、おおむね同様の立場をとる。
（2）永井均の一連の著作（最新のものとして永井［2016］）を参照のこと。
（3）ここで「法人」の問題はひとまずおく。我々の知る法人の典型は自然人が作り上げた組織、団体であり、それは自然人をその機関として機能する。また動物倫理・動物法ではある種の動物やその他非ヒト生物に対する法人格付与の可能性について検討されている（青木［2004］）が、そうした「動物人」の場合にも法律行為を行う際には自然人を機関として必要とすることは言うまでもない。それに対してここで想定される人工物としての自律ロボットは、自然人を機関として必要とはしないはずである。
（4）Bostrom［2014］は「人間レベルの機械知能（human-level machine intelligence, ＨＬＭＩ）」の実現可能性は未知数であり不確定だとしても、いったんそれが実現してしまえば、「機械超知能（人間以上の機械知能 machine superintelligence）」の実現は時間の問題である、とする。なぜなら、いったんその段階に突入すれば、機械知能（ボストロムは人間がプログラムの基本設計を考案した「人工知能（Artificial Intelligence）」と、力押しで人間の脳をコンピューター上で厳密にシミュレートする「全脳エミュレーション」とを明確に区別し、両者をひっくるめて「機械知能」と呼ぶ）の開発主体に人間のみならずほかならぬ機械知能も加わるはずであり、それ以降の開発速度は早晩人間主導時代のそれを上回るだろうからである。これは極めて興味深い論点だが、議論を拡散させないため、ここではあえて議論をボストロムの言うＨＬＭＩに絞り、それとは区別される固有の問題圏としての超知能については補論1で瞥見するにとどめる。
ただ簡単に付言するならば、ＨＬＭＩロボットを容認したとしても、超知能ロボットの容認に社会はそう簡単には動かないであろう、と推論できる。なんとなれば：
ＨＬＭＩロボットが人間並みの道徳的処遇を要求するからには、人間、自然人の側からもそれを受容できるような性質を備えている必要がある。となればＨＬＭＩロボットは、人間に恐怖や嫌悪感を催させる形状をしていてはならないだけではなく、人間よりも全般的にかつ抜きんでて優秀であるべきではない、ということにもなるだろう。さもなければそれは自然人たちに脅威の感覚を与え、共存を心理的にも難しくしてしまう。

（5）人型（ヒューマノイド）ロボットを積極的に需要する現場としての宇宙開発についての興味深い一解釈として、あさりよしとおの学習まんが『まんがサイエンス（8）』（あさり［2004］）がある。また深宇宙探査、特に恒星間航行の場合、ロボットを乗組員とすればその「帰還」が極めて容易となる。極端に言えば人格データ丸ごとを光速で送信すればよいのだから。それでもなお年単位の「時差」は克服不可能であるが。

◆6

（1）稲葉［2006］でも指摘したとおり、かつては第三次世界大戦や、それと同規模の架空の政治的大事件はＳＦの守備範囲だったが、ある時期以降それははっきりと普通小説の主題として構わないものとなった。

（2）「ウラシマ効果」ものの極北に立つのが、事故で停止することができなくなり、光速に向けてひたすら加速し続ける宇宙船を主人公とするポール・アンダースン『タウ・ゼロ』（Anderson［1970=1992］）であるが、この作品は「バナード・ラムジェット」方式のアイディアに立脚している。そこで主人公たちの宇宙船内の主観時間は果てしなく引き伸ばされ、ついには宇宙の終末、ビッグクランチから次のビッグバンを超えて新たな宇宙の誕生にまで立ち会うことになる。そのヴィジョンは美しく、その意味でこの作品は古典としての価値を十分に獲得しているが、現代の観測的宇宙論の成果を踏まえればビッグクランチはありえず、宇宙はひたすら膨張を続けるのみなので、ハードＳＦとしては二重の意味で「時代遅れ」となっている。今にしてみれば、まさにこの「時代遅れ」こそが、本書をある時代における「最先端科学を踏まえた虚構」として「古典」たらしめているわけでもあるが。

（3）現在は抹消されて読めないが、林譲治のエッセイ「超光速は本当に必要か？」［旧：http://www.asahi-net.or.jp/~zq9j-hys/idea12.htm、ただしアーカイブ化されていない模様］はこの点で示唆的である。またロバート・チャールズ・ウィルスン『時間封鎖』（Wilson［2005=2008］）は、ある時地球上の時間経過が外宇宙に比べて一億分の一に減速される、という設定の下で展開されるが、この設定は宇宙規模の大規模エンジニアリング――マイナーなところで火星のテラフォーミングとそこへの植民、さらにはそれに続けて自己増殖機械による全銀河探査――を人間的なタイムスケールで展開させるための工夫であり、その意味では超光速と同じ意義を持たせられていると言える。

◆**7**

（１）これについては第２章註１で触れたとおりである。なおここでの「直接的なレベル」では、とは、現実に起きたないし至近に迫った大災害によって宇宙への避難が行われる、といったケースを念頭に置いている。将来的にそうした大災害の可能性が無視できないとのヴィジョンに基づいた、自発的リスクヘッジとしての宇宙植民の可能性は当然否定しない。しかしながらそうした「非常時」の議論は本書では行わない。あくまでも本書の主題は「平時」の論理である。

（２）リベラリズムの倫理学・政治哲学のなかでも、ジェレミー・ベンサム、ジョン・スチュワート・ミルの衣鉢を継ぐ功利主義と、イマニュエル・カントの系譜に立つと称し、ジョン・ロールズによって大々的に復興した権利本位主義とでも言うべき立場とがあって対立している、とされるが、それについては以下の行論を参照されたい。

（３）このような大きな外在的価値を持ち出さず、リベラリズムに対して内在的な歯止めを設けようという試みとして、生命医療倫理学の問題系に定位しつつ論を展開する立岩［1997, 2014］がある。

（４）よく知られているのは「ハーバード白熱教室」（Sandel［2009=2010］）で著名となったマイケル・サンデルであり、彼の出世作（Sandel［1982=1999］）はロールズ批判の上に共同体主義の政治哲学を打ち立てようとするものだが、ほかに有力な論者としては『美徳なき時代』（MacIntyre［1984=1993］）のアラスデア・マッキンタイア（ただし彼は『美徳なき時代』第三版序章（MacIntyre［2007］）では「自分はいわゆる「共同体主義者」ではない」と明言している）、『自我の源泉』（Taylor［1989=2010］）のチャールズ・テイラーらがいる。また必ずしも共同体主義的政治哲学には明示的にコミットしないまでも、サンデル「白熱教室」で著名となった「トロッコ問題」の提題者フィリッパ・フットや、フェミニスト政治哲学者としても知られるマーサ・ヌスバウム、ジョン・マクダウェルなど、徳倫理学の復興にコミットする哲学者は二十世紀末以降目立っている。加藤・児玉［2015］所収の諸論文を参照。

（５）このあたり初歩的には Singer［1993=1999］参照。人口倫理はなお発展途上の研究領域である。端緒的には Parfit［1984=1998］。またメタ倫理学にまで遡っての現代功利主義の総覧として安藤［2007］。

（６）哲学、すなわち心の哲学・行為論や倫理学において、のみならず人文社会科学、あるいは情報科学・工学において「行為者・行為主体 agent」あるいは「行為者性 agency」は広く用いられる言葉だが、“patient”あるいは“patiency”の方はそうでもない。そもそも“patient”の語は「医療における患者」というかなり限定された場面以外ではあまり用いられる言葉ではなく、その点、対語である“agent”とは対照的である。包括的な意味での“patient”“patiency”にきれいに対応する日本語の定訳はおそらく存在しない。あえて言えば言語学における「被動者（性）」がそれに近い。なおその対語としての“agent”については、現在の日本の言語学界では「動作主」なる訳語が支配的である。哲学の場合は英語圏においても、「感覚をもって、快楽や苦痛を体験する」という意味合いでならむしろ“sentient”なる表現の方が一般的であろう。あるいは近年の心の哲学における「意識 consciousness」への注目のことを思えば「意識ある conscious」の方がよいかもしれない。しかしここでは「行為者・行為主体 agent」あるいは「行為者性 agency」との対概念としての側面を強調するため、あえて“sentient”あるいは“conscious”ではなく“patient”“patiency”の方を用いる。とはいえそれに対して「被動者（性）」なる今のところ極めて使用文脈が限定された専門用語を、ここにそのまま流用するのも（十分な根拠はあるが）ためらわれる。言語科学に親しくない読者にとっては、「受動的存在」「受動性」とした方がまだなじみやすいのではないか。

（7）　責任の倫理とケアの倫理を対にして論じる試みとして品川［2007］。

◆おわりに

（1）　もちろん現状では、将来の人工知能においても主力プラットフォームになるであろう電子回路の放射線や電磁パルスなどに対する耐性は——ことによっては人間の神経細胞より——弱いが、防護技術の発展についての将来性は人間の細胞、遺伝子に対するそれよりも期待できるであろう。

（2）　もちろん、すでに何度か示唆したが、人類社会総体の存続を脅かす大災害によって、人類が地球外に避難せずしては生存が不可能となるような可能性は排除できない。宇宙植民の正当化の論法として、そうした災厄に備えて人類文明を存続させるため、との議論は珍しくはない。しかしこの問題についての検討は、先に第2章註2で見たごとく、本書の射程を超える。本書はあくまでも今日のリベラルな倫理、政治原則の延長線上において宇宙植民の（そして副次的に人間改造、ロボットの）可能性について考察しようとするものであり、その考察の結果リベラルな倫理学の基層をなす道徳理論、人間学への見直し、たとえば徳倫理学的パースペクティブの意義の再発見などに論が及んだとしても、それはあくまでも限界事例、問題発見として位置づけられている。「緊急事態」を念頭に置いての「必要は法を破る」との法諺もあるが、本書の考察はあくまでもその手前におけるものである。

人類総体を滅亡の危機に追い込むような低頻度大規模災害の倫理学は、非常に広い意味での保険原理の応用の上に立ち、せいぜい一国を壊滅させる程度の災害までしか射程に入れない従来の災害倫理学の射程を超えるものであり、それ自体独立の課題として追及されねばならない。たとえば人類の過半数が死亡するような大規模災害に際して、そもそも「人類が生き延びる」とはどのようなことを指すのか、さえも我々は十分に理解していない。この問題についてはまったく不十分ながら予備的検討として稲葉・保田［2016］を参照。

参考文献

Adler, Charles L. 2014 *Wizards, Aliens, and Starships: Physics and Math in Fantasy and Science Fiction*. Princeton University Press.＝2014 松浦俊輔訳『広い宇宙で人類が生き残っていないかもしれない物理学の理由』青土社

Anderson, Poul. 1970 *Tau Zero*. Doubleday.＝1992 浅倉久志訳『タウ・ゼロ』東京創元社

青木人志 2004『法と動物——ひとつの法学講義』明石書店

青木節子 2006『日本の宇宙戦略』慶応義塾大学出版会

安藤馨 2007『統治と功利——功利主義リベラリズムの擁護』勁草書房

Arendt, Hannah. 1958a *The Origins of Totalitarianism, 2nd ed.* Meridian Books.＝1972–1974 大久保和郎・大島通義・大島かおり訳『全体主義の起源』（全三巻）みすず書房

Arendt, Hannah. 1958b *The Human Condition*. The University of Chicago Press.＝1973 志水速雄訳『人間の条件』中央公論社

Arendt, Hannah. 1968 *Between Past and Future*. The Viking Press.＝1994 引田隆也・斎藤純一訳『過去と未来の間』みすず書房

Arendt, Hannah. 2005 *The Promise of Politics*, edited by Jerome Kohn. Schocken.＝2008 高橋勇夫訳『政治の約束』筑摩書房

Arnould, Jacques. 2011 *Icarus' Second Chance: The Basis and Perspectives of Space Ethics*. Springer.

Asimov, Isaac. 1963 *View from a Height*. Doubleday.＝1978 小尾信彌・山高昭訳『空想自然科学入門』早川書房

あさりよしとお 2004『まんがサイエンス（8）ロボットの来た道』学研

Baxter, Stephen. 1995 *The Time Ships*. Harper Collins.＝1998 中原尚哉訳『タイム・シップ』早川書房

Bear, Greg. 1985 *Blood Music*. Arbor House.＝1987 黒丸尚訳『ブラッド・ミュージック』早川書房

Benjamin, Marina. 2003 *Rocket Dreams*. Chatto & Windus.＝2003 松浦俊輔訳『ロケット・ドリーム』青土社

Blish, James. 1956 *The Seedling Stars*. Gnome Press.＝1967 川村哲郎訳『宇宙播種計画』早川書房

Bostrom, Nick. 2014 *Superintelligence: Paths, Dangers, Strategies*. Oxford University Press.

Brackett, Leigh. 1977 "Fifty Years of Wonder." In *The Best of Edmond Hamilton*. Edited by Leigh Brackett. Ballantine Books, 1977.

Card, Orson Scott. 1985 *Ender's Game*. Tor Books.=1987　野口幸夫訳、2013　田中一江訳『エンダーのゲーム』早川書房

Chalmers, David. 1996 *The Conscious Mind: In Search of a Fundamental Theory*. Oxford University Press.=2001 林一訳『意識する心――脳と精神の根本理論を求めて』白揚社

Clarke, Arthur C. 1953 *Childhood's End*. Ballantine Books. 1990 *2nd ed*.=2007　池田真紀子訳『幼年期の終わり』光文社古典新訳文庫

Clarke, Arthur C. 1968 *2001: A Space Odyssey*. Hutchinson.=1993　伊藤典夫訳『２００１年宇宙の旅』早川書房

パトリック・コリンズ　2013　『宇宙旅行学――新産業へのパラダイム・シフト』東海大学出版会

Davidson, Donald. 1980 *Essays on Actions and Events*. Oxford University Press.=1990　服部裕幸、柴田正良訳（抄訳）『行為と出来事』勁草書房

Davidson, Donald. 1984 *Inquiries into Truth and Interpretation*. Oxford University Press.=1991　野本和幸・植木哲也・金子洋之・高橋要訳（抄訳）『真理と解釈』勁草書房

Davidson, Donald. 2001 *Subjective, Intersubjective, Objective*. Oxford University Press.=2007　清塚邦彦・柏端達也・篠原成彦訳『主観的、間主観的、客観的』春秋社

Davidson, Donald. 2004 *Problems of Rationality*. Oxford University Press.=2007　金杉武司・塩野直之・鈴木貴之・信原幸弘訳『合理性の諸問題』春秋社

Davidson, Donald. 2005 *Truth, Language and History*. Oxford University Press.=2010　柏端達也・立花幸司・荒磯敏文・尾形まり・成瀬尚志訳『真理・言語・歴史』春秋社

Dawkins, Richard. 2006 *The Selfish Gene, 30th anniversary edition*. Oxford University Press.=2006　日高敏隆・岸由二・羽田節子・垂水雄二訳『利己的な遺伝子（増補新装版）』紀伊国屋書店

Dennett, Daniel C. 1993 *Consciousness Explained*. Penguin.=1997　山口泰司訳『解明される意識』青土社

Deutsch, David. 1997 *The Fabric of Reality: The Science of Parallel Universes and Its Implications*. Viking Adult.=1999　林一訳『世界の

究極理論は存在するか――多宇宙理論から見た生命、進化、時間』朝日新聞社

Deutsch, David. 2011 *The Beginning of Infinity: Explanations That Transform the World*. Allen Lane.=2013　熊谷玲美・田沢恭子・松井信彦訳『無限の始まり ひとはなぜ限りない可能性をもつのか』インターシフト

Doyle, Arthur Conan. 1926 *The Land of Mist*. Hutchinson & Co.=1971　龍口直太郎訳『霧の国』東京創元社

Dummett, Michael A. E. 2004 *Truth and the Past*. Columbia University Press.=2004　藤田晋吾訳『真理と過去』勁草書房

Dyson, Freeman. 1979 *Disturbing the Universe*. Basic Books.=1982　鎮目泰夫訳『宇宙をかき乱すべきか――ダイソン自伝』ダイヤモンド社

Egan, Greg. 1997 *Diaspora*. Gollancz=2005　山岸真訳『ディアスポラ』早川書房

Foucault, Michel. 1975 *Surveiller et punir: Naissance de la prison*. Gallimard.=1977　田村俶訳『監獄の誕生』新潮社

藤井太洋 2014『オービタル・クラウド』早川書房

藤高和信・保田浩志・福田俊（編）2004『宇宙からヒトを眺めて――宇宙放射線の人体への影響』研成社

Galiot, Jai.（ed.）2015 *Commercial Space Exploration: Ethics, Policy and Governance*. Routledge.

Galor, Oded. 2011 *Unified Growth Theory*. Princeton University Press.

Gibson, William. 1984 *Neuromancer*. Ace.=1986　黒丸尚訳『ニューロマンサー』早川書房

Grice, H. P. 1989 *Studies in the Way of Words*. Harvard University Press.=1998　清塚邦彦訳（抄訳）『論理と会話』勁草書房

Gruen, Lori. 2011 *Ethics and Animals*. Cambridge University Press.=2015　河島基弘訳『動物倫理入門』大月書店

Haldeman, Joe. 1974/1997 *The Forever War, definitive edition*. Avon.=1980　風見潤訳（初版1974年版の邦訳）『終わりなき戦い』早川書房

Hamilton, Edmond. 1952 "What's It Like Out There?" *Thrilling Wonder Stories*, December 1952. In *The Best of Edmond Hamilton*. Edited by Leigh Brackett. Ballantine Books, 1977.=1972　矢野徹訳「何が火星に？」エドモンド・ハミルトン『フェッセンデンの宇宙』早川書房、2004　中村融訳「向こうはどんなところだい？」ハミルトン『フェッセンデンの宇宙』河出書房新社

Hare, Richard M. 1981 *Moral Thinking: Its Levels, Methods, and Point*. Oxford University Press.=1994　内井惣七・山内友三郎監訳

『道徳的に考えること――レベル・方法・要点』勁草書房
長谷部恭男　2000　『比較不能な価値の迷路――リベラル・デモクラシーの憲法理論』東京大学出版会
Heath, Joseph 2008 *Following the Rules: Practical Reasoning and Deontic Constraint.* Oxford University Press.=2013　瀧澤弘和訳『ルールに従う――社会科学の規範理論序説』ＮＴＴ出版
Heidegger, Martin. 1927 *Sein und Zeit.*=1971　原佑・渡辺二郎訳『存在と時間』（『世界の名著62　ハイデガー』）中央公論社
広瀬茂雄 2011『ロボット創造学入門』岩波書店
市野川容孝 2004「社会的なものと医療」『現代思想』第三二巻第一四号、九八-一二五頁
市野川容孝 2006『社会』岩波書店
稲葉振一郎 2005『「資本」論――取引する身体／取引される身体』筑摩書房
稲葉振一郎 2006『モダンのクールダウン』ＮＴＴ出版
稲葉振一郎 2008『「公共性」論』ＮＴＴ出版
稲葉振一郎 2014「宇宙倫理・ロボット倫理・ヒューマン・エンハンスメント倫理の交差点」『明治学院大学社会学・社会福祉学研究』第一四二号、七五-一二六頁
稲葉振一郎 2016『不平等との闘い――ルソーからピケティまで』文藝春秋
稲葉振一郎 近刊『政治の理論――リベラルな共和主義のために』中央公論新社
稲葉振一郎・保田幸子 2016「巨大災害の倫理学のためのノート」『研究所年報』（明治学院大学社会学部付属研究所）第四六号、一三五-一四八頁
伊勢田哲治 2008『動物からの倫理学入門』名古屋大学出版会
伊勢田哲治・なつたか 2015『マンガで学ぶ動物倫理――わたしたちは動物とどうつきあえばよいのか』化学同人
石森（石ノ森）章太郎 1969-70a『リュウの道』『週刊少年マガジン』（講談社）連載
石森（石ノ森）章太郎 1969-70b『サイボーグ００９　神々との闘い編』『ＣＯＭ』（虫プロ）連載
Jeffrey, Richard. 1983 *The Logic of Decision, 2nd edition.* University of Chicago Press.

Jones, Eric L. 2000 *Growth Recurring, 2nd edition.* University of Michigan Press.=2007 天野雅敏・重富公生・小瀬一・北原聡訳『経済成長の世界史』名古屋大学出版会

Jonas, Hans. 1979 *The Imperative of Responsibility: In Search of an Ethic for the Technological Age.* University of Chicago Press.=2000 加藤尚武監訳『責任という原理――科学技術文明のための倫理学の試み』有信堂

香川知晶 2000『生命倫理の成立』勁草書房

神崎宣次 2013「宇宙環境倫理学サーヴェイ資料（暫定版）」（京都生命倫理研究会二〇一三年六月例会発表資料）

加藤明 2015『スペースデブリ――宇宙活動の持続的発展をめざして』地人書館

加藤尚武・児玉聡（編・監訳）2015『徳倫理学基本論文集』勁草書房

けいはんな社会的知能発生学研究会（編）2004『知能の謎』講談社

慶應義塾大学宇宙法センター（編）2013『宇宙法ハンドブック』

鬼頭秀一 1996『自然保護を問い直す――環境倫理とネットワーク』筑摩書房

児玉聡 2010『功利と直観――英米倫理思想史入門』勁草書房

小松左京 1966『果しなき流れの果に』早川書房

小松左京 1967『神への長い道』早川書房

小塚荘一郎・佐藤雅彦（編）2015『宇宙ビジネスのための宇宙法入門』有斐閣

Kripke, Saul A. 1980 *Naming and Necessity.* Basil Blackwell.=1985 野家啓一・八木沢敬訳『名指しと必然性――様相の形而上学と心身問題』産業図書

呉羽真・伊勢田哲治・磯部洋明・稲葉振一郎・岡本慎平・神崎宣次・清水雄也・水谷雅彦・吉沢文武 2016「京都大学：宇宙倫理学の現状と展望」宇宙航空研究開発機構特別資料 JAXA-SP-15-017『人文・社会科学研究活動報告集 ２０１５年までの歩みとこれから』(https://repository.exst.jaxa.jp/dspace/handle/a-is/563056)

Kurzweil, Ray. 2005 *The Singularity Is Near: When Humans Transcend Biology.* Viking Adult.=2007 井上健・小野木明恵・野中香方子・福田実訳『ポスト・ヒューマン誕生 コンピュータが人類の知性を超えるとき』ＮＨＫ出版

Lem, Stanisław. 1961 *Solaris.* Wydawnictwo Ministerstwa Obrony Narodowej.=2003 沼野充義訳『ソラリス』国書刊行会

Lin, Patrick, Keith Abney, and George A. Bekey （eds.） 2012 *Robot Ethics: The Ethical and Social Implications of Robotics*. The MIT Press.

Lomborg, Bjørn. 2001 *The Skeptical Environmentalist: Measuring the Real State of the World*. Cambridge University Press.=2003 山形浩生訳『環境危機をあおってはいけない――地球環境のホントの実態』文藝春秋

MacIntyre, Alasdair C. 1984 *After Virtue: A Study in Moral Theory, 2nd edition*. The University of Notre Dame Press.=1993 篠崎榮訳『美徳なき時代』みすず書房

MacIntyre, Alasdair C. 1999 *Dependent Rational Animals: Why Human Beings Need the Virtues*. Open Court.

MacIntyre, Alasdair C. 2007 “Prologue: *After Virtue* after a Quarter of a Century.” In *After Virtue: A Study in Moral Theory, 3rd edition*. The University of Notre Dame Press.

Meadows, Donella H., Dennis L. Meadows, Jørgen Randers and William W. Behrens III. 1972 *The Limits to Growth : A Report for the Club of Rome's Project on the Predicament of Mankind*. Universe Books.=1972 大来佐武郎監訳『成長の限界――ローマ・クラブ人類の危機レポート』ダイヤモンド社

Mill, John Stuart. 1859 *On Liberty*.=1971 塩尻公明、木村健康訳『自由論』岩波書店

Milligan, T. 2015 *Nobody Owns the Moon: The Ethics of Space Exploitation*. McFarland.

三浦俊彦 2006『ゼロからの論証』青土社

三浦俊彦 2007『多宇宙と輪廻転生』青土社

水谷雅彦・伊勢田哲治 2013「宇宙倫理学事始」（京都大学第六回宇宙総合学研究ユニットシンポジウム発表資料）

永井均 1995『翔太と猫のインサイトの夏休み』ナカニシヤ出版

永井均 2016『存在と時間　哲学探究Ｉ』文藝春秋

永瀬唯 1993『疾走のメトロポリス』ＩＮＡＸ出版

永瀬唯 2001『宇宙世紀科学読本――スペース・コロニーとガンダムのできるまで』角川書店

中村融（編）2010『ワイオミング生まれの宇宙飛行士――宇宙開発ＳＦ 傑作選』早川書房

Nietzsche, 1887 *Zur Genealogie der Moral. Eine Streitschrift. Zur Genealogie der Moral. Eine Streitschrift*.=1964 木場深定訳『道徳の

系譜』岩波書店

野田篤司 2009『宇宙暮らしのススメ』学習研究社

野田篤司 2014「宇宙開発の普及」（応用哲学会二〇一四年サマースクール講演）

野尻抱介 2002『太陽の簒奪者』早川書房

野本和幸 1988『現代の論理的意味論』岩波書店

岡田浩樹・木村大治・大村敬一（編） 2014『宇宙人類学の挑戦——人類の未来を問う』昭和堂

O'Neill, Gerard K. 1977 *The High Frontier: Human Colonies in Space*. William Morrow & Company.=1977 木村絹子訳『宇宙植民島』プレジデント社

大沼保昭 2005『国際法——はじめて学ぶ人のための』有信堂

Parfit. Derek. 1984 *Reasons and Persons*. Oxford University Press.=1998 森村進訳『理由と人格——非人格性の倫理へ』勁草書房

Putnam, Hilary 1981 *Reason, Truth and History*. Cambridge University Press.=1994 野本和幸・中川大・三上勝生・金子洋之訳『理性・真理・歴史——内在的実在論の展開』法政大学出版局

Quine, Willard Van Orman. 1960 *Word and Object*. The MIT Press.=1990 大出晁・宮館恵訳『ことばと対象』勁草書房

Quine, Willard Van Orman. 1980 *From a Logical Point of View: 9 Logico-philosophical Essays, 2nd ed., revised*. Harvard University Press.=1992 飯田隆訳『論理的観点から——論理と哲学をめぐる九章』勁草書房

Quine, Willard Van Orman. 1992 *Pursuit of Truth: Revised Edition*. Harvard University Press.=1999 伊藤春樹・清塚邦彦訳『真理を追って』産業図書

Rawls, John. 1999 *A Theory of Justice, Revised Edition*. Harvard University Press.=2010 川本隆史・福間聡・神島裕子訳『正義論（改訂版）』紀伊国屋書店

Regis, Edward.（ed.） 1985 *Extraterrestrials: Science and Alien Intelligence*. Cambridge University Press.

佐藤靖 2007『NASAを築いた人と技術——巨大システム開発の技術文化』東京大学出版会

佐藤靖 2015『NASA——宇宙開発の60年』中央公論社

Sandel, Michael J. 1982 *Liberalism and the Limits of Justice*. Cambridge University Press.=1999　菊池理夫訳『自由主義と正義の限界』三嶺書房
Sandel, Michael J. 2009 *Justice: What's the Right Thing to Do?* Farrar Straus & Giroux.=2010　鬼澤忍訳『これからの「正義」の話をしよう――いまを生き延びるための哲学』早川書房
Scalzi, John. 2005 *Old Man's War*. Tor Books.=2007　内田昌之訳『老人と宇宙』早川書房
Shanahan, Murray . 2015 *The Technological Singularity*. The MIT Press.=2016　ドミニク・チェン監訳、ヨーズン・チェン、パトリック・チェン訳『シンギュラリティ――人工知能から超知能へ』NTT出版
品川哲彦 2007『正義と境を接するもの――責任という原理とケアの倫理』ナカニシヤ出版
Singer, Peter. 1993 *Practical Ethics 2nd edition*. Cambridge University Press.=1999　山内友三郎・塚崎智監訳『実践の倫理［新版］』昭和堂
Sperber, Dan and Deirdre Wilson. 1995 *Relevance: Communication and Cognition, 2nd edition*. Blackwell.=1999　内田聖二・中逵俊明・宋南先・田中圭子訳『関連性理論――伝達と認知（第2版）』研究社出版
Stapledon, William Olaf. 1930 *Last and First Men: A Story of the Near and Far Future*. Methuen.=2004　浜口稔訳『最後にして最初の人類』国書刊行会
Sterling, Bruce. 1985 *Schizmatrix*. Arbor House.=1987　小川隆訳『スキズマトリックス』早川書房
Stine, G. Harry. 1997 *Living in Space: A Handbook for Work & Exploration Beyond the Earth's Atmosphere*. M Evans & Co.=2011 村川恭介訳『宇宙で暮らす!』築地書館
Strugatsky, Arkady and Boris Strugatsky. 1972 *Пикник на обочине*. Молодая гвардия.=1983　深見弾訳『ストーカー』早川書房
鈴木一人 2011『宇宙開発と国際政治』岩波書店
立岩真也 1997『私的所有論』勁草書房、2014（第二版）生活書院
Taylor, Charles. 1989 *Sources of the Self: the Making of the Modern Identity*. Harvard University Press.=2010　下川潔、桜井徹、田中智彦訳『自我の源泉――近代的アイデンティティの形成』名古屋大学出版会

寺薗淳也　2014『惑星探査入門――はやぶさ2にいたる道、そしてその先へ』朝日新聞出版

冨田信之　2012『ロシア宇宙開発史――気球からヴォストークまで』東京大学出版会

常木淳　2002『公共経済学（第2版）』新世社

Turing, A. M. 1950 “Computing Machinery and Intelligence.” *Mind*, 59, pp.433-460.=2001　新山祐介訳「計算する機械と知性」(http://www.unixuser.org/~euske/doc/turing-ja/index.html)、2006　田中求之訳「計算する機械と知性について」(http://mtlab.ecn.fpu.ac.jp/turing_ihon.html)、2014　杉本舞訳「計算機械と知能」伊藤和行編、佐野勝彦・杉本舞訳『コンピュータ理論の起源［第1巻］チューリング』近代科学社

「宇宙の人間学」研究会（編）2015『なぜ、人は宇宙をめざすのか』誠文堂新光社

Ulmschneider, Peter. 2006 *Intelligent Life in the Universe: Principles and Requirements Behind Its Emergence*. Splinger.=2008　須藤靖・田中深一郎・荒深遊・杉村美佳・東悠平訳『宇宙生物学入門』シュプリンガージャパン

浦沢直樹・手塚治虫・長崎尚志　2004-2009『ＰＬＵＴＯ』小学館

Vakoch, Douglas A. and Albert A. Harrison（eds.）2011 *Civilizations Beyond Earth: Extraterrestrial Life and Society*. Berghahn Books.

Vakoch, Douglas A.（ed.）2013 *Extraterrestrial Altruism: Evolution and Ethics in the Cosmos*. Springer.

Varley, John. 1978 *The Persistence of Vision*. Dial Press.=1980　冬川亘・大野万紀訳『残像』早川書房

ヴァーリイ、ジョン　2015『汝、コンピューターの夢〈八世界〉全短編1』（日本版オリジナル短編集）東京創元社

ヴァーリイ、ジョン　2016『さようなら、ロビンソン・クルーソー〈八世界〉全短編2』（日本版オリジナル短編集）東京創元社

Vidal, Clément 2014 *The Beginning and the End: The Meaning of Life in a Cosmological Perspective*. Springer.

Wallach, Wendell & Colin Allen. 2009 *Moral Machines: Teaching Robots Right from Wrong*. Oxford University Press.

Webb, Stephen. 2002 *If the Universe Is Teeming with Aliens ... WHERE IS EVERYBODY?: Fifty Solutions to the Fermi Paradox and the Problem of Extraterrestrial Life*. Copernicus.=2004　松浦俊輔訳『広い宇宙に地球人しか見当たらない50の理由――フェルミのパラドックス』青土社

Webb, Stephen. 2015 *If the Universe Is Teeming with Aliens= WHERE IS EVERYBODY?: Seventy-Five Solutions to the Fermi Paradox and*

the Problem of Extraterrestrial Life 2nd ed. Springer.
Weir, Andy. 2014 *The Martian*. Crown.=2014　小野田和子訳『火星の人』早川書房
Wilson, Robert Charles. 2005 *Spin*. Tor Books.=2008　茂木健訳『時間封鎖（上・下）』東京創元社
Wolin, Richard. 2001 *Heidegger's Children: Hannah Arendt, Karl Löwith, Hans Jonas, and Herbert Marcuse*. Princeton University Press. =2004　村岡晋一・小須田健・平田裕之訳『ハイデガーの子どもたち——アーレント／レーヴィット／ヨーナス／マルクーゼ』新書館
山本草二 1966『宇宙通信の国際法——国際企業の法形態として』有信堂
山本草二 1975「宇宙開発」山本・塩野宏・奥平康弘・下山俊次『現代法学全集54　未来社会と法』筑摩書房
山本草二 1994『国際法（新版）』有斐閣
柳川孝二 2015『宇宙飛行士という仕事——選抜試験からミッションの全容まで』中央公論社
安岡健一 2014『「他者」たちの農業史——在日朝鮮人・疎開者・開拓農民・海外移民』京都大学学術出版会

あとがき

本書執筆のきっかけは割合些細なことであった。京都大学での宇宙総合学研究ユニット、宇宙倫理学研究会のことを聞き、参加のきっかけをつかもうと、神崎宣次氏の報告「宇宙環境倫理学についてのサーベイ」を聴講しに京都生命倫理研究会の例会（二〇一三年六月二十九日、滋賀大学）に出席したところ、高江可奈子氏の「エンハンスメントの是非を巡る議論枠組みの再検討」、佐々木拓氏の「ロボット倫理学の基礎――責任とコントロール」の両報告に接することができた。それを聞いているうちに勝手に頭の中に「あれ、ロボット倫理と宇宙倫理との間にはひょっとしたらかなり強いアナロジーが成り立つんじゃないか？」との思い付きが浮上したのである。帰京後さっそく執筆にとりかかり、出来上がったばかりの草稿を同研究会の次（九月二十一日）と次の次（十二月二十八日）の例会で報告させていただいた。それを勤務先の紀要に修正て寄稿したのが「宇宙倫理・ロボット倫理・ヒューマン・エンハンスメント倫理の交差点」（『明治学院大学社会学・社会福祉学研究』第一四三号、二〇一四年）である。またその一部をリファインしてシノドスメールマガジン「α-synodos」一四一号（二〇一四年二月一日）に「「宇宙ＳＦ」の現在――あるいはそのようなジャンルが今日果たして成立しうるのかどうか、について」を掲載したところ、synodos ウェブサイト（http://synodos.jp/info/7583）

に転載されて存外の反響を得ることができた。

それ以外にも川崎市の桐光学園での大学訪問授業「これからのロボット倫理学」（二〇一三年十一月二日、『わたしがつくる物語——13歳からの大学授業』水曜社、二〇一四年、に所収）、京都大学宇宙総合学研究ユニットシンポジウム「宇宙にひろがる人類文明の未来２０１５」での特別講演「宇宙植民の倫理」（二〇一五年一月十日）、高知工科大学連続講演会「理工学のフロンティア」での「宇宙倫理学の試み」（二〇一五年五月十八日）などで講演の機会を得た。また本文中にも触れたとおり、二〇一五年度以降は宇宙総合学ユニットを拠点に本格的に発足した宇宙倫理学研究会のメンバーとしてお迎えいただき、呉羽真・伊勢田哲治・磯部洋明・稲葉振一郎・岡本慎平・神崎宣次・清水雄也・水谷雅彦・吉沢文武「京都大学：宇宙倫理学の現状と展望」（宇宙航空研究開発機構特別資料 JAXA-SP-15-017『人文・社会科学研究活動報告集　２０１５年までの歩みとこれから』所収、二〇一六年三月七日）をはじめとする共同作業にも参加してきた。これらの場において報告と討論の機会を与えてくださった各位に感謝する。

以上を踏まえて、現状での宇宙倫理学の総括というよりは、日本語圏における今後の宇宙倫理学・ポストヒューマン倫理学の研究のための踏み台として、若干時期尚早で軽薄のそしりをまぬかれないかとは思いつつも、単著としてある程度まとまった作品を今のうちに市場に供しておきたい、との思いから上記の論考・報告をもとに急ぎ書き上げたのが本書である。

形式上の「お手本」としては、生命医療倫理学の泰斗として知られるジョナサン・グラバーの小著

『未来世界の倫理――遺伝子工学とブレイン・コントロール』（加藤尚武・飯田隆監訳、産業図書、一九九六年。原著 Jonathan Glover, *What Sort of People Should There Be?* Penguin, 1984 [http://www.jonathanglover.co.uk/sites/default/files/docs/what-sort-of-people-should-there-be.pdf]）のことが念頭にあった。時代的制約もあるが、議論のための便利な踏み台としての同時代的な意義は大きかった。網羅的に論じずにあえて論点を絞るという戦略は、これに倣った。本書も、将来のより本格的な探究のための踏み台、捨て石となれば幸いである。何よりも書き手の私自身にとって、踏み台としてとりあえず自分の思考を客観化し、世に出してしまうことが必要であった。

内容的にはグレッグ・イーガン氏の諸作、そしてなんといっても野田篤司氏の『宇宙暮らしのススメ』（学研、二〇〇九年）の影響は隠しようもない。野田氏には二〇一四年の応用哲学会サマースクール「宇宙開発について学び、一緒に考える」（二〇一四年九月八～十日、ＪＡＸＡ筑波宇宙センター）で直接お話を伺う機会もあり、大いに啓発された。記して謝意を表したい。

版元はナカニシヤ出版に快くお引き受けいただいた。担当の酒井敏行氏の即断即決に感謝したい。

本書を八分通り書き上げたところで、上記の関連論考を読んでくださった成原慧氏（総務省情報通信政策研究所）の招請により、総務省ＡＩネットワーク化検討会議の末席を汚させていただくこととなり、簡単な報告も行った。ここでは各国の人工知能・ロボット開発をめぐる法制度構想についての情報を得ることができ、また個人的には、人工知能の問題、とりわけニック・ボストロム氏の「超知能」論を真剣に検討するきっかけを与えられた。その成果の一部は本書中にも反映されている。こちらについても、記して謝意を表したい。なお、本会議の二〇一六年度の報告書は総務省サイトにおいて開示されており、会議記録中には私の報告資料も公開されている(http:// www.soumu.go.jp/ main_sosiki/ kenkyu/ iict/ index.html)。

本書は二〇一六〜一八年度日本学術振興会科学研究費挑戦的萌芽研究「人類の宇宙進出に伴う宇宙倫理学確立のための基礎研究」(研究代表者:神崎宣次、研究課題/領域番号16K13149)、ならびに二〇一四〜一六年度明治学院大学社会学部付属研究所特別推進プロジェクト「大災害と社会——東日本大震災の社会的影響と対策の課題」(稲葉班「低頻度大規模災害の倫理学」)の交付による研究成果の一部である。

二〇一六年九月

稲葉振一郎

な

は

ま

や

ら

事項索引

人名・文献著作者名索引

稲葉振一郎（いなば・しんいちろう）
1963年東京都生まれ。明治学院大学社会学部社会学科教授（社会倫理学）。一橋大学社会学部卒業。東京大学大学院経済学研究科博士課程単位取得退学。岡山大学経済学部講師、助教授を経て、2005年より現職。著書に、『ナウシカ解読——ユートピアの臨界』（窓社）、『リベラリズムの存在証明』（紀伊國屋書店）、『経済学という教養』（ちくま文庫）、『オタクの遺伝子——長谷川裕一・ＳＦまんがの世界』（太田出版）、『「資本」論——取引する身体／取引される身体』（ちくま新書）、『モダンのクールダウン』『「公共性」論』（NTT 出版）、『社会学入門——〈多元化する時代〉をどう捉えるか』（日本放送出版協会）、『不平等との闘い』（文春新書）ほか。

宇宙倫理学入門
人工知能はスペース・コロニーの夢を見るか？

2016年12月23日　初版第１刷発行　（定価はカヴァーに表示してあります）

著　者　稲葉振一郎
発行者　中西健夫
発行所　株式会社ナカニシヤ出版
〒606-8161　京都市左京区一乗寺木ノ本町15番地
TEL 075-723-0111　FAX 075-723-0095
http://www.nakanishiya.co.jp/

装幀＝宗利淳一デザイン
印刷・製本＝亜細亜印刷

Printed in Japan.　ISBN978-4-7795-1122-6　C0012

社会的なもののために

市野川容孝・宇城輝人 編

平等と連帯を志向する〈社会的なもの〉の理念とは何か。その歴史的形成過程を明らかにし、それが何であったのか、何でありうるのかを正負両面を含めて明らかにする。暗闇の時代に、来るべき政治にむけた徹底討議の記録。

二八〇〇円

最強の社会調査入門

これから質的調査をはじめる人のために

前田拓也・秋谷直矩・木下衆・朴沙羅 編

「聞いてみる」「やってみる」「行ってみる」「読んでみる」ことからはじまる社会調査の面白さとその極意を、16人の社会学者が失敗経験も含めてお教えします。面白くてマネしたくなる最強の社会調査入門！

二三〇〇円

同化と他者化

戦後沖縄の本土就職者たち

岸　政彦

復帰前、「祖国」へのあこがれと希望を胸に、本土へ渡った膨大な数の沖縄の若者たち。しかしそれは壮大な「沖縄への帰還」の旅でもあった——。詳細な聞き取りと資料をもとに、「沖縄的アイデンティティ」のあり方を探る。

三六〇〇円

日本の動物政策

打越綾子

愛玩動物から野生動物、動物園動物、実験動物、畜産動物まで、日本の動物政策、動物行政や法改正の現状と課題をトータルに解説する決定版。動物好きの人、動物関係の仕事についている人必携の一冊。

三五〇〇円

表示は本体価格です。